U0077073

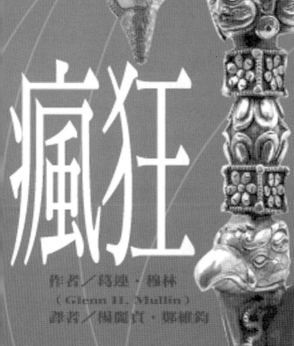

瘋狂

達賴

作者／葛連・穆林
（Glenn H. Mullin）
譯者／楊麗貞・鄭維鈞

Mystical
Verses of A
Mad
Dalai Lama

Mystical Verses of A

目錄

前言

在此書的一開始，我要非常感謝神聖的達賴喇嘛十四世，能夠把達賴喇嘛二世《瘋狂達賴》的原稿副本借給我影印和翻譯。他的慷慨除了展現於對這個出版計畫的祝福之外，還撰文寫了序言，這對我來說都是莫大的恩惠與光榮。自從1989年獲得諾貝爾和平獎的肯定之後，他在時間和體力上都面臨分身乏術的情形，但是他還是抽出空來滿足我們的願望，實現了他的名字所代表的涵義，也就是西藏人所熟知的「宜形諾布」（Yezhin Norbu）──如願寶珠。

接著我要感謝嘉措澤仁（Gyatso Tsering）──他擔任「西藏文獻檔案圖書館」主任，圖書館位於印度達蘭薩拉（Dharamsala），實際的研究和翻譯都是在那裡進行。二十多年來我和該圖書館關係密切，主要是嘉措身為良師益友，總是在各方面鼓勵我，並且支持著我。每年都有數百位西方人為了某些理由前去找他，他非但分毫未取，反而因此愈來愈保有活力和熱情。

最後，我要向三位西藏喇嘛表達至深的謝意，他們協助我順利閱讀達賴喇嘛二世的詩文，並且引導我理解其中的內容。他們分別是：瓊則塔西旺甲格西（Ven. Geshey Chomdzey Tashi Wangyal）、嗡恰克祖古（Ven. Amchok Tulku）和朵本祖古（Ven. Doboom Tulku）。這三位喇嘛體

9

現了大乘佛法的理想和行動，是絕對完美無瑕的典範。他們的智慧、耐性和幽默感是我畢生學習的榜樣。

我對這一本《瘋狂達賴》的處理，主要分成三個部分來呈現。第一個部分，我將提供西藏的各種背景資料、達賴喇嘛的轉世傳統，以及源於印度的藏傳佛教中心思想。我的目的是使大家能夠認識達賴喇嘛二世創作歌謠和詩篇的背景環境，並且敏銳地理解他所用的言語詞彙和詩文結構。

在第二部分，我則是以傳記的手法來呈現達賴喇嘛二世的生平，並且讓讀者能夠清楚，對十五世紀末、十六世紀初的喇嘛來說，西藏究竟是什麼樣子。我將在這裡重構一幅圖像，來描繪達賴喇嘛二世作為一個著述豐富的人、佛教僧侶和上師的樣貌，並刻畫他當時所安住的世界。

最後，在第三部分，是我對於歌謠和詩篇的翻譯和注釋，那是達賴喇嘛二世的神祕詩文集錦（namgur）。每一首詩的注釋，形式上都以譯序的體例來呈現，並向讀者介紹了內容、創作背景，以及個別詞條的特色。

整個文本的翻譯中，我對於西藏人名和地名的書寫都是非正式的音譯，大部分是我用耳朵聽來，然後以我所認為最能提供給非專業讀者閱讀的方式來決定譯法。藏文拼字的字首、字尾和文字符號都非常繁複，大部分的字母雖然本身不發音，卻會影響到音節字根的發音。舉例來

說，達賴喇嘛二世的名字根敦嘉措帕桑波（Gendun Gyatso Palzangpo）真正的拼法是dGe-'dun-brgya-mtsho-dpal-bzang-po。

我還要感激布蘭達‧羅森（Brenda Rosen）、威嘉‧布萊曼尼斯（Vija Bremanis），以及「追尋出版公司」（Quest Books）的編輯群，謝謝他們付出的耐心和努力。

書寫這本書的過程帶給我絕對的歡欣，如果它可以為讀者們帶來任何一星半點的喜悅，那一切的辛苦都是值得的。

葛連‧穆林（Glenn H. Mullin）
雪獅賓館
契特拉帕提，加德滿都
尼泊爾
1992年12月14日

Mystical Verses of A Mad Dalai Lam

序

　　我認為達賴喇嘛二世是早期數世達賴喇嘛中最偉大的一位。終其一生，達成了大家對他的期待，並成為了偉大的佛教學者以及成就斐然的修行者。他自己也認為，在遇見克珠洛桑嘉措上師（Khedrup Nrzang Gyatso）之後，體悟了高深奧妙的「空性」（shunyata），那才是實相的終極層次。

　　達賴喇嘛二世在自己的文字書寫之後，習慣以「倡尼恩根敦嘉措」（Trangnyon Gendun Gyatso），即是「瘋乞根敦嘉措」署名；有時候也會使用「揚千雪貝多傑」（Yangchen Sheypai Dorje）——「如同優美旋律的歡喜金剛」；有些時候，還使用「南開那祖巴」（Namkhai Naljorpa）——「悠遊於廣大空間的瑜伽士」。

　　他坐床時的名號是「根敦嘉措」，當他稱自己為「瘋癲的乞求者」時，並非指自己一無所有，而是指自己不貪戀任何事物。當你沒有執著，正如乞丐般一無所有，那就會從世間的日常瑣碎中超脫出來。這是密續教義裡非常重要的主題，修行者也依據此教義，使用感官卻不執著之。

　　「瘋癲」在這裡的涵義是：當一個人體驗到「空性」，知道那是一切表象中萬物存在的終極形式，他對世界的認識便和其他普通人不一樣，宛如瘋漢一般。因為

瘋狂達賴

修行者體認到世間種種終必成空，便能完全超越一般人看待世界的傳統方式。

「揚千雪貝多傑」——「如同優美旋律的歡喜金剛」，這名字表示達賴喇嘛二世自詡為詩人，他時常把自己當作是「雪域裡的偉大詩人」，或是「偉大的喜瑪拉雅山詩人」；而「揚千」（Yang-chen）或是梵文的「娑羅室伐底」（Sarasvati，又譯為辯才天或妙音天），則和音樂、歌曲、詩的概念皆有關聯。至於他第三喜歡使用的名字是「南開那祖巴」——「悠遊於廣大空間的瑜伽士」，則被使用於以「空性」為主題的作品。

達賴喇嘛二世是一位多產的詩人，他的《作品集》涵蓋了許多其所要闡明的經論和密續義理。有一些最引人入勝的創作在他的「覺受歌」（Nyam-gur）選輯，或是這本書所翻譯的神祕詩文當中，都可以找得到。

藏文的Nyam-gur這個字包含兩個部分。gur指的是 gur ma的縮寫，它是lu的同意辭，意思是「歌曲或是詩」；而nyam則是nyam-nyong的縮寫，意思是「經驗、知識或理解」。

一旦達到了特殊精神層次的經驗或知識，人們本能地會創作出這樣的文體（nyam-nyong gi gurma）來表達這些經驗或知識。西藏人的「覺受歌」傳統乃是根源於印度的證道詩（doha），那是從佛教大成就者（mahasiddha）或密續的精通者所發展出的抒情詩類型。許多印度證道詩都

翻譯成為藏文，並且保存在《丹珠爾》（Tengyur）或印度上師的翻譯作品集之中。

不管是印度證道詩或是西藏的覺受歌主要都是在表達自己的個人經驗，而非學究式的術語磨勘，所以它們和佛教形上學或哲學所衍生出的強調用字精確的佛教文學並不一樣。由於這些讚頌詩是作者本能地描述內在經驗，所以相當不同於哲學文本的用語。

達賴喇嘛二世顯露出與達賴喇嘛一世風格迥異的個人特質。一世較為安靜、內向，二世則較為果斷、外向；一世較為謙遜、避免出風頭，二世則較為坦率、孤高、健談。

達賴喇嘛二世在被認可為一世的轉世之後，於孩提時代就被帶往札什倫布寺，坐上了傳承教義的法座。在儀式進行之中，一位曾經是他前世弟子的年老比丘注意到了他的言行舉止和達賴喇嘛一世有多麼的不同。他心裡想：「這個小孩被認為是上師再世，但是態度和舉止怎麼差這麼多？他絕對不是真正的轉世者。」

年輕的達賴二世，從出生就具備了某種洞察力，他熱切地望著這位老比丘，輕輕地說：「因為身體都改變了，當然性格也同樣會經歷改變！」

達賴喇嘛二世對佛教傳承所抱持的不分宗派的態度，是他人生中的一大特色，這種態度同時體現在他的著作和精神活動之中。早期數世的達賴喇嘛都保有這種不分

15

宗派的態度，但是一般說來，達賴喇嘛二世特別地心胸寬廣。他似乎純粹是因為個人的興趣而鑽研不同的教義。終其一生，大家普遍地認定他是「沒有任何宗派偏見的勝利者黃帽上師」（Rimeypai Gyalwa Zhasermowa）。以寺院的授職法令來說，他被歸類為黃教或是格魯巴傳承。但是在修行上，他學習了源於不同傳統的各種教義，並皆頗為專精。

值得注意的是，就專心致力於某一特定學派的研習和修行這個意義來說，擁有宗派意識並不必然是壞事。大部分的西藏喇嘛都是依此來修行的。相對來說，能夠了解其中一種傳統的精髓，總比知道各宗派的皮毛卻無一樣精通來得好。這是正面的宗派主義。而負面的宗派主義則只是排外式地追隨某一傳統，而視其他傳統為無物。

達賴喇嘛二世超越了這些正面與負面的宗派主義。他有足夠的能力可以鑽研全部派系，既不將他們互相摻配，也不會把他們弄混。此外，他還會利用自己的威望去改善藏傳佛法各宗派彼此間的關係。

打從襁褓開始，所有的徵兆都顯示根敦嘉措絕對就是達賴喇嘛一世的轉世。然而，當時未有正式的轉世認證，法王轉世的傳統是後來才建立的，所以二世只能表明自己就是一世的轉世者，然後慢慢地被眾人接受。

他對自己未來的轉世吐露過多次的預言。當還是睡在母親搖籃裡兩、三歲的小娃兒時，他就哼唱著自己至少

要轉世五次才能完成任務。這就是一項預言，表示達賴喇嘛這個支系至少要持續傳承到七世。然後，在他離開人世之前，他又說出了在夢中從乃東（Nedong）產業管理人或是從拉薩國王那兒，接受了四支勝利的旌旗。這被認為意指這個支系會安安穩穩地傳到達賴五世。

在他往生之後，「乃瓊神諭」（Nechung Oracle）變成找尋達賴喇嘛轉世重生之地的指標。二世是第一個和「乃瓊神諭」建立特殊關係的達賴喇嘛，他因此被認為是真正的、可依止的轉世達賴喇嘛。這關連到他和哲蚌寺所建立的關係，因為「乃瓊神諭」所祈求的神祇「白哈爾」（Pehar），正是守護哲蚌寺的神祇。達賴喇嘛一世曾經前來哲蚌寺拜訪，並短暫於此修習，但是和這座寺院的關係並不親密。而達賴喇嘛二世則是哲蚌寺的重要人物，並且在那兒建造甘丹頗章宮作為專屬的居所。

在根敦嘉措往生之後，他的主要隨從松拉巴（Sung-rab-pa）喇嘛就去祈請「乃瓊神諭」，尋求如何找到轉世者的建議。得到的答案是達賴喇嘛二世已經送出百個化身轉世到人間，而在眾多轉世者之中，吐龍一帶的轉世者是最主要的一位。出世在吐龍的小孩也說出了自己前世——身為達賴喇嘛二世的記憶，因此被指認為達賴喇嘛三世。從此以後，尋訪達賴喇嘛轉世者的過程中一定都會諮詢「乃瓊神諭」。

我非常希望達賴喇嘛二世所創作的歌謠和詩句能有

瘋狂達賴

瘋狂達賴

英文版。我的許多朋友對於葛連穆林撰寫早期幾世達賴喇嘛的生活和作品，都給予相當高的評價。他們說他的譯本總能抓到原始藏文的意義和精神，讀起來絕對是一種享受。

我得特別地感謝他完成了這一些好作品。一方面，他讓西方世界能夠愈加瞭解佛法；而另一方面，也藉由介紹西藏歷史上扮演重要角色的達賴喇嘛們，讓世人的目光能夠關注到西藏豐富、特殊的文化遺產。

達賴喇嘛十四世
佛教比丘丹增嘉措
1993年7月21日

第 *1* 部分

道守論

瘋
狂
達
賴

西藏的佛教背景

西藏位於亞洲的中央，擁有超過兩百萬平方英哩的廣大領土。在這一片由巍峨的高山以及肥沃的山谷所組成的土地上，西藏人民普遍住在海拔兩千英尺以上的高地。

在古代，西藏如同是亞洲幾個大國家之間的交通要塞，也是彼此之間的緩衝區——西邊是波斯，南邊是印度，北方是蒙古，而東方是中國。無疑地，西藏受到以上四個國家的文化影響。然而，就比較晚近的時代來說（自十七世紀以來），西藏主要是印度文化的衛星國度，同時也是佛教教義的興盛之地。

神聖的達賴喇嘛十四世在1980年代中期的一次私人對話裡，曾經多少有點幽默地向我簡述了西藏目前的狀況。他說：「我們從印度這個東方的宗教母國擷取了精神上的傳統；並且從中國這個把東方食物做得最好的國家取法烹調藝術；而由於蒙古的服飾美感最為繽紛亮眼，於是我們採納了蒙古的服裝樣式。」

佛陀大約於二千五百年前出生於蘭毗尼（Lumbini），那是一座位於印度和尼泊爾邊境，較靠近尼泊爾的城鎮。據說他曾經造訪過僅僅距離西藏一百英哩的尼泊爾加德滿都（Kathmandu）山谷，並且在那裡授課。因此，從很早開始，佛教和西藏的宗教就有一些非正式的接

瘋狂達賴

21

瘋狂達賴

觸。這方面鮮少有文獻記錄，而西藏在當時並沒有任何文字，就算有，也都沒有保留到今天。

　　早期的接觸有被記錄下來的，是發生在西元四世紀，雅魯谷王朝的拉鐸多利（Lha Totori）國王統治的時期。當時，有一個印度僧侶去宮廷拜訪，遺留一個裝有佛教經文和圖像等物品的盒子。（在傳說中，它們被描述為「天上掉下來的禮物」。）國王認為他的國度尚未準備好要引進像佛教這樣精妙成熟的精神傳統，而且也沒有能力去翻譯或閱讀這些典籍。儘管如此，他還是肯定了這些物品的價值，並且對它們充滿了敬意。他指示要妥善保管這只盒子，並且預言在幾個世代之後，他的子民將能夠體會這些物品的重大意涵。

　　這項預言在七世紀中葉，也就是松贊干布（Songtsen Gampo）國王在位的時候得以實現，為了鞏固他自己的統治權，並和鄰邦建立起穩定的關係，松贊國王娶了五位王妃，前三位是西藏人，第四位來自尼泊爾，而第五位王妃則來自中國。

　　來自尼泊爾和中國的皇后都是佛教徒，而她們的精神性也讓國王感受深刻。他決定正式引進佛教到他的國家，為他的子民們帶來教化上的益處。另一種說法是出身尼泊爾的皇后答應嫁到西藏的條件，是國王允諾為她建造一百零八座佛寺及聖壇，最終的結果卻是國王自己接受了佛教修行的戒律。

　　但是，他認為西藏並未擁有文字書寫傳統，能夠藉由翻譯，將那些成熟的印度佛教典籍中表達的複雜思想精確體現。因此，他特意遣送了二十一名西藏人的學習團前去印度，學習發展出一套符合上述目的的文字和文法。因此，在圖彌桑普札（Tonmi Sambhota）的率領之下，這歷經千辛萬苦前去熱帶印度的一行人選擇了以吉普塔梵文（Gupta）文字書寫的喀什米爾語版本為基礎，並且編製了一套文法，給松贊國王在位時，以雅隆山谷方言作為主要語言的西藏人來使用【註1】。

　　除了創立一套文字與結構清晰的文法之外，圖彌桑普札與他的助理把許多印度典籍的翻譯成藏文版本，這其中包括了一些從松贊國王祖先拉鐸多利國王時代就保留下來的經文。

　　至此，佛教在西藏紮下了根基，並且歷經了幾個世紀，佛教的知識如同滔滔不絕的江河流灌了雪的故鄉。也許偶爾遇到幾個對佛教不甚熱忱的國王時，會歷經間歇性的消退，但一般而言，都是處在不斷累積能量的狀態。直至十二世紀前，印度淪為土耳其殖民地，佛教在它的發源地消失，許多印度所留存最重要的佛教經典都已經翻譯成藏文。於是西藏在亞洲的文化和精神生活領域中扮演的角色日漸重要。如今，西藏佛教自成一格，從俄國東邊的西伯利亞和白雅特，一直到印度北方幾個喜馬拉雅山脈的區域，例如拉達克、斯必忒、尼泊爾、錫金、不丹等等。在

瘋狂達賴

七世紀中葉由圖彌桑普札所發展出的藏文寫作方式，藉由知識界的流傳而在這些地方被使用，就像拉丁文在西洋古典時期被歐洲的知識份子採用，而成為歐洲的國際語言一樣。實際上，就如同薩拉特‧乾德拉達斯（Sarat Chandra Das）在1892年出版的《藏文字典》中的引言中所述，藏文在十九世紀末已經變成一種非常重要的文字語言，以至於包括整個中亞，藏文知識都被視為是必要的學習。

在佛教發展的早期經驗裡，西藏已經從印度、中國，以及其他一些較為弱小的佛教鄰國中吸收了佛教的傳統。第八世紀末葉以前，西藏帝國鞏固了對中亞大部分地區的統治，包括中國西北地方的許多驛站，例如敦煌及土耳其斯坦（包括和闐），如此一來，它自身也受到許多不同的佛教影響。

然而，西藏佛教的發展方向，在西元792年印度學派和中國學派於桑耶寺（Samyey Monastery）的教徒大辯論之後，有了激烈的改變。由於當時由印度方面獲勝，因此西藏皇帝赤松德贊（Trisong Deutsen）決意阻撓中文以及從中文翻譯而來的書籍版本，不讓其在西藏一地使用，並宣示往後所有藏文翻譯作品都必須直接採用梵文來源。西藏和印度及印度佛教正式聯姻，這項政策一直持續到赤松德贊的兒子赤聖納雷克（Tri Senalek）以及孫子赤拉爾貝仁（Tri Ralpacjen）統治的時代。

在藏傳佛教的早期年代，大部分的寺院與修練場都

是由某位曾經去過印度研習的喇嘛所創立，他帶回了某個
教派的正統法脈，然後建立起弘揚其教派的精神中心。而
少部分的寺院則是由造訪西藏的印度上師們所建立，他們
將法脈傳承給諸多弟子，然後弟子們再建立一座座修練
場。

　　最近，有一種談論藏傳佛教「學派」或「教派」的
趨勢。一旦這麼做的時候，普遍都會提及在十一世紀中葉
之前在西藏興盛的所有正傳支派，也就是寧瑪派
（Nyingma）或是「舊教」。而寧瑪派最能被辨識的特色，
是其倚賴在七世紀與八世紀所創立的詞彙，並且以當時所
翻譯的經文為依據，而得以了解佛教的專業術語。

　　大部分的寧瑪傳承都把蓮花生上師（ Guru
Padmasambhava）當作最重要的祖師──也就是西藏人一
般所熟知景仰的古魯仁波切。這位上師在八世紀中葉的時
候，從印度西北方的烏金國（Oddiyana）前來（也就是今
天的巴基斯坦的斯瓦特，靠近阿富汗的地方）監造桑耶寺
──西藏的第一座寺院。他組織了一群信徒，有系統地將
重要的密續專論從梵文翻譯過來，並且更新了松贊干布國
王時期的古老翻譯。古魯仁波切多采多姿的密續生活型
態，迄今仍持續吸引著西藏人的想望。

　　十一世紀出現了梵文翻譯以及佛教專業術語的完全
修訂版。所有在此之後出現的，並以修改過的語言規範為
基準的支派，都被視為沙瑪新派（Sarma），即「新教」。

疯狂達賴

瘋狂達賴

　　許多新學派在十一世紀和十二世紀產生，以新的翻譯為基準並且使用新的辭典。在這個趨勢中，有三個主要支派：噶當（Kadam）——是受到印度上師阿底峽（Atisha Dipamkara Shrijnana）造訪西藏所啟發，並且由他的首席西藏弟子仲敦巴（Drom Tonpa）帶領，形成一波成功的運動；薩迦（Sakya）——是由印度大成就者毗魯巴（Virupa）支派的昆・貢郤傑布（Konchok Gyalpo）和卓彌大譯師（Drokmi Lotsawa）所創立，並且由薩欽貢噶寧布（Kunga Nyingpo）加以系統化；噶舉（Kargyu）——是由西藏的譯師瑪爾巴以及他的瑜伽修行弟子——詩人密勒日巴（Milarepa）——所創立，並且由密勒日巴的首席弟子達布拉杰加以系統化。

　　儘管以上三個「新教」在接下來幾個世紀的佛教發展中超越群倫，在這個文藝復興時代還是有眾多其他的重要學派出現。許多支派的獨立團體自此消失，而被以上提及的超強學派所吸納。像是香巴噶舉（Shangpa Kargyu），達賴喇嘛二世的父親就是屬於這個支派，它是由西藏瑜伽修行者孔納覺（Kyungpo Naljor）所創立，而同時又是淵源自印度女性神祕主義者尼古瑪（Niguma）和蘇卡悉地（Sukhasiddhi）的支派；以及希解派（Zhijey），是由印度大成就者帕當巴桑吉（Padampa Sangyey）以及他的女性弟子——神祕主義者瑪奇歌・拉布衷（Machik Labdron）——所創立，達賴喇嘛二世的祖母主要就是修習這個支

派；另外還有瓦魯克派（Rvaluk），以及覺囊派（Jonang）
也是，達賴喇嘛一世與達賴喇嘛二世都曾熱情地修習這兩
個支派【註2】。

　　西藏宗教歷史的下一個主要發展是十四世紀末葉以
及十五世紀初期，宗喀巴（Tsongkhapa）出現的時候，他
的法名為洛桑札巴（Lobzang Drakpa）。宗喀巴曾經在將近
五十處的西藏寺院研習過，並且匯集了大部分「新教」的
重要支派。不久之後，他在距離拉薩不遠之處創立「甘丹
寺」（Ganden Monastery），在同一個大屋頂下保存與傳
播這些佛學支派。宗喀巴所傳承的學派從很快地又令其他
學派黯然失色，變成中亞最大學派「格魯派」
（Gelug）。

　　宗喀巴實質上以印度上師阿底峽所建立的噶當派的
哲學方法，加上從其他傳統而來的不同密續支派為其內
涵。因此，在西藏文學中，格魯派有時候也會被當作「噶
當沙瑪」，或是「新噶當」【註3】。

　　就寺院的職令而言，所有的達賴喇嘛都已經屬於新
噶當傳統。（六世甚至拒絕了更高的寺院任命，而接受了
新噶當支派寺院而來的「初學僧」任命。）為了這個理
由，達賴喇嘛二世創作了許多協韻的神祕歌曲與詩文，來
表達對阿底峽和宗喀巴喇嘛的尊敬。

　　數世達賴喇嘛在個人精神層次的修行生活中，結合
了寧瑪和格魯支派，就如同神聖的達賴喇嘛十四世在前言

瘋狂達賴

瘋狂達賴

中所提及的，這是由達賴一世就開始，並且由達賴喇嘛二世所訂立下來的傳統，一直延續到今日；在達賴的世系傳承中，只有第七世和第八世背離它【註4】。

達賴喇嘛一世

在歷史上命定為眾所皆知的達賴喇嘛一世是於1931年誕生於西藏西南方藏省（Tsang Province），游牧人家的小孩。他出世的那一晚，部落正受到盜匪的攻擊，成人們都逃到了山陵。他的母親害怕自己會被捕抓，受到強暴或殺害，因此臨逃之前把新生的嬰兒藏在岩石後方。當她隔天清晨返回的時候，看到了一幅非比尋常的景象：有一群野狗圍繞著他，想把他吞食下肚，可是有一隻碩大的烏鴉站在他面前，保護他不受到任何傷害。喇嘛們之後告訴這位母親，根據占卜的結果，這隻烏鴉是大黑天護法（Mahakala）——大慈大悲觀世音菩薩的忿怒化身，而對這個小孩來說，終其一生，大黑天護法都會看顧他。

當這名小孩七歲的時候，他的父親過世了。他的母親因為無法負擔家裡眾多小孩，想要送一些小孩到寺院去，在那裡，小孩們可以接受免費的照顧，並且受到良好教育。占卜顯示這名出生於強盜攻擊之夜的小孩，將會在寺院的訓練中獲得許多益處。因此，母親便把她送到納塘

寺（Nartang Monastery），由叔父格西瓊結（Geshey Choshey）監護【註5】。

　　沒過多久的時間，納塘寺的住持就注意到了他是最具慧根的小孩，並且將他收到自己的直屬門下。這是一個如人所願的歡喜結果，在這個小孩——也就是達賴喇嘛一世十二歲之前，他已經成為納塘寺最有成就的學者。

　　他受了具足戒不久後，他到中亞去遊歷，並且開始研習。在那裡，他遇到了宗喀巴喇嘛，那時正是喇嘛往生前四年。宗喀巴也是立即看出了這名年輕人身上與眾不同的天命，在第一次見面的時候，就將身上的袍子撕下一角贈與這位年輕的僧人，並且預言他將成為門下最重要的弟子之一，尤其會在他手中建立起「僧伽團」（Sangha）的西藏傳統。達賴喇嘛一世一生中跟隨超過五十位眾多不同藏傳佛教學派的宗師研習佛法，當二十年過去，他始終效忠於這些他從宗喀巴及其主要弟子中所習得的傳承。

　　到了1440年代，達賴喇嘛一世已成為西藏最受敬重的聖者之一，他花費了許多時間在洞窟和關房閉關冥想，並且指導著來自中亞各地的眾多的弟子。

　　在1447年，他接受了西藏西南方和西方的許多國王和部落首領贊助而建立了札什倫布寺（Tashi Lhunpo），其中最顯貴的要算是古給（Gugey）國王。札什倫布寺很快地成為拉薩地區以外最大的格魯巴（Gelugpa）寺院，也是中亞四個最負盛名的寺院機構之一。（另外三個分別是甘

29

丹寺、哲蚌寺和色拉寺）他將生命的餘年用來在札什倫布寺以及附近的寺院傳授佛學，例如乃寧寺（Nenying）、納塘寺以及桑普寺（Sangpu），因而實現了宗喀巴早先的預言。

達賴喇嘛一世也被視為是一個傑出詩人。他的《雜類作品》（gSung-'bum-thor-bu）包含數十首詩文。如同我們將在第二部分所看到的，在納塘寺的年輕達賴喇嘛二世，肩負了將達賴喇嘛一世的文稿流傳下來的使命，在當時對於他的前輩所作詩文相當熟悉，因而也影響到了他自己的寫作形式。

然而，達賴喇嘛一世那些有關精神層次的詩作並不被歸類為「覺受歌」（nyamgur）。他太過於謹慎，並且缺乏以那種文體寫作的性格。只有達賴喇嘛二世、五世和七世才有像「覺受歌」這樣的作品。

在「木馬年」（1474年）的第十一個月，達賴喇嘛一世宣布他將很快辭世，並且召喚幾個最重要的弟子聚集於他的身側，進行最後講道。當時他八十四歲。到了第十二個月的第八天（這一天和「聖救度母」──達賴一世主要觀修的本尊──的得道有關），他在札什倫布寺舉辦聚會，並且傳給弟子們最後的忠告。在這一堂課中，他閉上雙眼，在群聚的眾弟子面前，藉由意識化解自己肉身的組成元素。那是西藏「木馬年」的第十二月，高掛在天上的月亮呈現出半月狀。（西方學者通常認為這一年是1474

年,實際上應該是1475年的一月底或二月初。)

據說在他永恆寂滅之後(也就是心跳和呼吸都已經停止),他仍然是坐著進入「尊誓」(tukdam)的狀態(thugs-dam),那是介於生與死的神祕狀態,所有的意識都退縮到心內;而身體則因為冥想的力量而保持原封不動。因此,他讓所有的人都親眼目睹他成就正法。他的身軀看起來就像是一位十六歲少年的外觀,並且湧現出喜樂之光,照耀了那些靠近的人。

然後,到了四十九天之後,他的意識離開了身體。傳統的傳記記載當時他的頭微微偏向一邊,性器官釋放出一滴精液,表示「尊誓」已經完成【註6】。

根據羊巴曲傑(Yangpa Chojey)對於達賴喇嘛二世生命與行誼的解釋,在一世往生之後,他將他的意識投射在兜率淨土,在那裡他見到了彌勒佛(Maitreya)、阿底峽以及宗喀巴喇嘛,並且向他們請示若要在世間幫助眾生覺悟正法,應該往何處去。宗喀巴(他在兜率天是以蔣貝寧波的形象化現)拿了一朵白花,朝著世間拋出,說他將會轉世於花朵掉落的地方。花朵在世間的達囊多傑丹(Tanak Dorjeden)這個地方落下,那是瑜伽修行者貢噶堅贊(Kunga Gyaltsen)的瑜伽修行關房。他接著拋出兩顆冰雹,一顆落在西藏中部熱振寺(Radeng),而另一顆則落在西藏東南部的康區。

西藏神祕的文獻中曾以這個傳說來揭示達賴喇嘛一

疯狂達賴

世的三種轉世方式：身體的化身、口語的化身以及心意的
化身。在這三種方式中，以身體的化身轉世最適合擔負起
前世的工作。白花落在瑜伽修行者貢噶堅贊的關房，意味
著這便是身體的轉世。因此，這個小孩最終就被認為是達
賴一世的轉世，另外兩個即被推想是負載著達賴一世微行
的工作，有關這一方面，在本書中〈達賴二世的傳記〉部
分都會清楚說明【註7】。

十四位達賴喇嘛

　　因此達賴喇嘛一世在他的人生中已經達成了精神上
的圓滿。雖然他分別在西藏的西南部和中部研習佛法，大
部分的時間還是在西南部的藏省地區說法授課，並且鼓動
了那裡的佛教精神與學風，延續不絕。

　　如同我們接下來將在「第二部分」──「達賴喇嘛
二世的生活」──所看到的，一個年輕的孩童很快地來
到，並且正式宣布他自己即是達賴一世所轉世。他的身份
得到了認可，並且在札什倫布寺坐床。他繼續做著由達賴
喇嘛一世開始起頭的工作，在西藏中部和南部拓展了達賴
這個職位的影響力。他在國際上所達到的威望甚至超越了
達賴一世。直到他於1452年往生，西藏地區很難找到一個
重要的喇嘛未曾研讀過或接受過他或者是其弟子的密續啟

發。在他的一生中，改變了原一世在札什倫布寺居住的傳統，而搬到靠近拉薩的哲蚌寺（Drepung Monastery）。

只有達賴喇嘛二世是由自己來布達的喇嘛。在他往生之後，很快地就有一個委員會組成，專司尋找他的轉世。從那時候起，所有的達賴轉世都必須要經過這個正式委員會的認可，達賴喇嘛三世便是第一例。

達賴喇嘛三世——嘉華索南嘉措（Gyalwa Sonam Gyatso）——在國際上的名聲也十分響亮。在他後半生中，接受了蒙古國王阿勒坦汗（Altan Khan）的邀請，前往蒙古去授課。他在1578年抵達蒙古。在他的指導教化之下，蒙古放棄了武力征戰，轉而信仰佛教，此後成為奉獻於精神信仰的國度。達賴三世的行跡也曾廣及西藏東部的康區（Kham）和安多（Amdo）地區，因此也在那些地區擴展了達賴職位的影響。

達賴喇嘛三世的轉世是在一位蒙古的年輕男孩身上得到確認，因此達賴喇嘛四世是第一位（截至目前為止也是唯一一位）不是西藏人的達賴。他在年輕的時候就展現了偉大的精神力量，並且以圖多雲丹嘉措（Tutob Yonten Gyatso）或「雲丹嘉措師父」（Yonten Gyatso the Adept）的稱號為人所知。他的蒙古血緣更加鞏固了蒙古民族對於佛教以及達賴學派的忠誠連結。

達賴五世對於西藏人而言，通常會簡單地說是拿巴千波（Ngapa Chenpo），或稱「偉大的五世」，由他開始見

證了達賴宗教職位的政治化。他並沒有在這一方面有意識地去進行努力，但是就在他的這一生，西藏內戰爆發，自然而然也就形成這樣的局面。西藏在當時由許多獨立王國所組成，形成三大聯邦，就是我們今天所想到的中部、西南部和東部三個地區。在達賴五世的時候，西南部的國王與東部的國王貝利（Beri）簽署了約定，共同出兵侵略拉薩，並且平分戰利品。他們的計畫最後自食惡果，他們被拉薩的蒙古同盟者固始汗（Gushri Khan）所打敗，三分天下的西藏於1642年統一在拉薩政府的行政掌理之下。在固始汗的居間安排之下，達賴五世（因此也包括之後的達賴轉世）成為西藏人民的精神和世俗雙重領袖，並且得到蒙古的支持和保護。

我有一次訪問了當世神聖的達賴喇嘛十四世，他說明了這前五世的達賴喇嘛之間的相互關聯性，提到了一種「冥冥中掌控的計畫」（masterplan）。根據神聖的達賴所說，一世主要在西藏西南部的藏省地區，發展出精神支持的根基；二世則將之擴展到中部和南部地區；三世更進一步擴及到了東部的康區和安多地區，另外也到了蒙古；當四世鞏固了拉薩和蒙古在精神信仰上的聯盟，他的職位也就成了聯盟的中樞。而達賴五世現身在這樣的場景，算是已經萬事俱備，因此可以毫不費力地成為西藏大一統下的精神和世俗雙重領袖。

達賴五世從晚年起開始建造布達拉宮（Potala），它如

今仍然是屹立於西藏的一項偉大建築成就。但是達賴五世往生之時,該項建築計畫卻尚未完成。他曾為此和總理大臣德西桑吉嘉措(Desi Sangyey Gyatso)商量過,在這座宮殿的建築工程完成之前,他的死訊必須保密。因此,尋訪達賴喇嘛六世的工作也就暗中進行了十二年,直到布達拉宮正式落成,達賴六世才出現。

結果,達賴喇嘛六世是這個轉世的世系中唯一不接受僧人生活方式的人。當正式任命發布的時候,他反而歸還了初學僧的法袍,並且宣稱他將過著俗民的生活。有一個可以理解的理由是,在此之前的年少時光,他曾經以無法曝光的「神祕達賴喇嘛」身分被栽培,因而他的所有言行舉止背後可能都有神祕的動機。我對現世神聖的達賴喇嘛進行訪談時,他提到所謂「冥冥中掌控的計畫」也包括達賴六世。根據該理論,達賴六世覺得身為西藏人民的領袖,一直維持著「轉世」的形象並不恰當,因為在兩世之間,從達賴喇嘛往生,一直到繼承人被發現、受教育、長大成人,總是橫隔著大約長達十二年的權力真空期。

六世因此拒絕當僧人,而認為追隨藏傳佛法中薩迦學派的精神典範是比較好的,這個學派不講求血緣世系。他不鑽研佛法論述,反而花了大半時間流連於拉薩的酒館,鍾情於舞文弄曲。今天大多數的西藏人內心都知道這件事。他的詩文除了展現醉人的浪漫情懷之外,據說還具體化了許多高深密續教義裡的精粹章句。

疯狂達赖

　　然而，六世想要修改達賴喇嘛轉世制度內涵的激進計畫實際上行不通。作為藏傳佛教達賴喇嘛學派堅定捍衛者的蒙古王室和滿洲王室大發雷霆。蒙古甚至揮兵進攻拉薩，要用武力驅逐達賴六世。他們希望達賴喇嘛當一名僧人，就像他的前輩先行者那樣。此後不久，六世就在詭譎的環境下往生了【註8】。

　　所有承先啟後的達賴喇嘛們無論是活著或死去的時候都是僧人的身分。當一位達賴往生的時候，委員會的機制就會開始運作來尋找達賴的「轉世」。他通常會是在上一位達賴往生後九個月到十二個月內出世的小孩。以我的觀點而言，達賴七世格桑嘉措也許是當中最偉大的，同時也是十四位達賴喇嘛之中，可能除了二世之外，最具文采的一個。

　　達賴八世強白嘉措則是深入精神層次，他所過的生活充滿了冥思，不過在教學和著作上並沒有顯著的成品，史書上提及他的篇幅極為短少。從第九世到第十二世都是英年早逝，歷史家們也大多沒有仔細地著墨。

　　因此，偉大的轉世世系輪到了下一個，也就是達賴十三世圖登嘉措，他誕生於西元1876年，並且無可避免地必須領導西藏人渡過歐洲殖民的時代。當時，中亞被俄國和英國兩大強權所瓜分，在這方面，儘管歷經英國（1888年）與中國（1909年）的兩次侵略，十三世仍努力保住西藏人民的政治獨立、文化傳承以及精神信仰，所作所為令

人崇敬。也因此西藏人稱呼他為「偉大的十三世」。

　　現世的達賴喇嘛，神聖的丹增嘉措（Tenzin Gyatso）誕生於1935年西藏東部安多地區的農莊家庭。他曾經告訴過我：「我的任務是所有達賴喇嘛之中最艱難的，因為我要帶領人民走過歷史上最黑暗的時期。」他指的是中國共產黨在1950年代發動對西藏的侵略，以及之後1960年代對西藏文化大規模的破壞。從那時候起，西藏六千五百座寺廟中除了十三座之外幾乎全毀。而為了取得珍貴的金屬，藝術品被熔燬、破壞或者拿到國際藝術市場上拍賣。西藏一萬個圖書館大部分被燒個精光，超過五分之一的藏人被殺害，數以千計的藏人被送到集中營或淪為奴工。

　　因此，現世達賴作為西藏人民的領導者，實際上肩負著最艱鉅的任務。他已經耗費了大半生在印度避難。在那裡，他仍然努力於保存西藏岌岌可危的文明，並且為了西藏的命運進行國際遊說。1989年，因為他在這一方面所採行非武力途徑而榮獲諾貝爾和平獎。

　　現世的達賴喇嘛告訴我，這樣的氛圍是之前所提及的「冥冥中掌控的計畫」第三度的影響，這種影響證諸他和他的前輩達賴喇嘛十三世之間的關連。這位神聖的達賴談到十三世一直被預言著將活到七十九歲或八十歲。然而，他曾經好幾次公開指出西藏人必須要採納他所提出的意見，包括讓整個國家現代化，尤其是強化和中國之間的邊防，否則他們現存的文明將面臨莫大的危機。在1932

年，他警告共產黨即將入侵，西藏人民的處境將像世上的螞蟻一樣，並且被迫生活得像乞丐。他說，那些仍留在西藏的人將淪為自己土地上的奴隸，日夜痛苦不止。但是，他最後總結表示，如果大家的行動加快，這樣的悲劇仍然有可能避免掉。他接著預告自己大約五十八歲了，很快就會死去。不久之後，他便真的往生了。

神聖的當世達賴說，「偉大的十三世」乃刻意壓縮自己的生命，因為他知道西藏人並不會採納他的忠告。他了解到中國對西藏的侵略已如箭在弦上，如果在中國入侵的時刻，西藏恰巧由一個老達賴來領導，那情況將會令人絕望。因此，他祕密地退位並且往生，好讓新的轉世早日出現。如此一來，結果是當中國共產黨終於入侵，他們被迫必須和一位充滿活力的年輕達賴交手，而不是與一個遲暮的老人來一較高下。

神聖的達賴十四世做出結論：「因此，這些達賴喇嘛似乎有三度被『冥冥中掌控的計畫』所影響：第一次包含了達賴喇嘛一世到五世；第二次發生在達賴六世，但是失敗了；接著是第三次，也就是達賴十三世和我自己身上。但是如今的情況對我來說所造成的壓力更大，我根本沒有什麼轉圜的空間，也許我必須要藉助第四次『冥冥中掌控的計畫』。」

我有點開玩笑般回應：「如果你要這樣，那就用和達賴十三世相反的方法。他用冥思的意志來縮短自己的生

命，並且以此執行『冥冥中掌控的計畫』；如果你要設計這項計畫，請倒轉過來，就藉由延長個幾十年的生命來執行計畫。」

　　在這裡，我一直談到達賴喇嘛十四世。其實，這位達賴在西藏的文獻上的確一直被記載為「十四世」。事實的情況是，「達賴喇嘛」的稱號最初只有三世所使用。原因是發生在1578年，達賴三世造訪蒙古的時候。他的名字嘉華索南嘉措之中最後的部分（嘉措──Gyatso──意指「海洋」）翻譯成蒙古文就是「達賴」（Dalai，或是T'alai），因此蒙古就以「達賴喇嘛」稱呼他以及他的轉世世系。這樣的稱號也追溯到他之前的兩位前輩先行者，因此嘉華索南嘉措就成了「達賴喇嘛三世」。中國在不久後從蒙古人那邊取用了這個稱法，英國人又從中國人的口中學到，而世界上的其他地方就跟著英國人一起採納這個稱號。

　　一般來說，西藏人並不使用這樣的稱呼方式。直到本世紀下半葉，他們才習慣這個稱號。在此之前，他們總是使用傳統的稱號，直至今日其實也是如此。其中最廣為使用的是「嘉華仁波切」，意指「珍貴的勝者」（或是寶玉佛陀）；還有「宜形諾布」，意味著「如願寶珠」；以及「袞敦」（Kundon）或「尊駕」（The Presence）。古典的西藏文獻通常把達賴喇嘛的當生轉世記載為「通瓦敦登」（Tongwa Donden），意即「見即有義」。這個稱呼記載在十

瘋狂達賴

瘋狂達賴

一世紀的預言書，今天西藏國特定宣告「國立神諭」的人（Tibet's State Oracle），在神智不清之時也是如此稱呼。早期的喇嘛傳記在提到他們時都書寫為「湯界欽巴」（Tamchey Khyenpa）或是「全知者」（Omniscient One），那是一世在修行波東寧瑪（Bodong Chokley Namgyal）的覺囊巴（Jonangpa）傳統時，上師給他的小名。它也根深柢固地沿用到二世與三世身上。

　　對許多偶爾看書的西方讀者來說，這些稱呼似乎有點花俏，表現出過度讚揚。但事實上，他們和大部分藏傳佛教精神層次的稱號都是一樣只求文韻。例如，我認識了一些再平凡不過的藏人，他們也叫做桑吉桑竹（Sangyey Samdrub，佛陀願成）；或是「圖登昆千」（Tubten Kunkhyen，在頓悟教義中的一位全知者）；還有洛桑卓瑪（Lobzang Dolma，擁有高尚心靈的救世主）；以及「寧瑪多傑」（Nyima Dorjey，像太陽一般的鑽石）。這當中有兩個人是既調皮又無賴。我自己的藏傳佛教徒名字是「將巴若巴」（Jampa Zopa），或者是「有耐性的愛人」（Patient Lover），實際上，我並不特別有耐性。

達賴喇嘛們和觀世音菩薩的神話

達賴喇嘛二世的標準傳記版本，是羊巴曲傑在1530年所著手開始撰寫，並在1560年由貢卻嘉布（Konchok Kyab）所完成。該傳記由大慈大悲觀世音菩薩的傳說起頭，據說祂化身為達賴喇嘛。

在西方，對於達賴喇嘛的神話是如何發生，以及為何會出現，存在許多不同的見解。據說其中大部分的西方學者都是錯誤的，簡單地說，是因為他們沒有花時間去檢視西藏的一手資料。對於達賴喇嘛一世系譜的普遍錯誤認知，似乎是因為十九世紀末的基督教傳教士學者奧斯汀・華德爾（L. Austine Waddell）在文章中描述達賴五世於1642年獲得西藏的領導人身分之後，刻意創造出神話而造成的。華德爾就認為偉大的五世狡猾地傳播了這樣的信仰作為政治策略，為的是強化那些單純的西藏人民對他能夠忠貞不二，只因為大慈大悲觀世音菩薩是他們歷經好幾個世紀所尊崇的對象【註9】。

我們只要看一下早期達賴喇嘛的傳記文獻，便可以立即破解華德爾的說法。達賴喇嘛五世或許接受了這樣的神話傳說，但絕對不是由他來創造出這樣的傳說。相反的，是他繼承了這樣的傳說。如果要說是有任何人創造出這個傳說，那源頭若不是阿底峽就是他的首席弟子仲敦巴喇嘛。他們兩位都活在達賴喇嘛一世出生前三百年的十一

41

瘋狂達賴

世紀，距離達賴喇嘛五世的時代也有五百年之遙。

　　故事的經過是這樣的，阿底峽和仲敦巴喇嘛，以及另外一位修行者俄大譯師（Ngok Lotsawa），花了一年的時間在耶巴拉利寧波（Yerpa Lhari Nyingpo）的洞窟中閉關修行（幾百年之後，達賴二世也在此創作詩文）。到了傍晚，他們都會挪出一些時間進行精神層次的對談，通常是俄大譯師提出問題，然後由阿底峽或是仲敦巴喇嘛來回答。有幾次，俄大譯師節錄經文裡面的詩句，要求仲敦巴喇嘛說明應該如何將其意涵在前世中內化，仲敦巴喇嘛總是嚴正拒絕回應他所提出的要求，認為還有許多更有趣的主題值得大家來討論。俄大譯師不放棄，轉而向阿底峽要求解答，阿底峽就說：「喔！你知道的，仲敦巴是慈悲佛陀──觀世音菩薩的化身，所以請提一些這宇宙間較具象徵性的問題給他，我來回應你的提問好了！」

　　就這樣，阿底峽說明了「仲敦巴喇嘛的三十六個前世」，他一開始就說：「你知道的，仲敦巴是慈悲佛陀──觀世音菩薩的化身」，這些字句被寫入噶當巴（Kadampa）的經典之作《父子佛法》（Pha-chos-bu-chos）的第二十三章，那是噶當巴典籍中最受歡迎的作品之一，正本是在十一世紀末所寫成的。

　　達賴喇嘛一世在世時，就被認為是仲敦巴喇嘛的轉世，因此繼承了由觀世音菩薩化身而來的神話，並且連結了阿底峽所謂的「仲敦巴喇嘛的前世」，因而從此這個神

話就跟隨著達賴喇嘛的職位。

　　阿底峽對著俄大譯師所說明的「仲敦巴喇嘛的三十六個前世」，指的是由印度而來的化身──通常是一位公主或婆羅門男童。儘管這些我們都可以在《父子佛法》這本書的第二十三章中找到，但是故事並未因而結束。在同一本書的其他部分，阿底峽還說明了許多仲敦巴喇嘛的「前世」，包括有十世是西藏早期的國王，例如聶赤贊普（Nyatri Tsenpo）國王、拉鐸多利國王、松贊干布國王、赤松德贊國王、以及赤惹巴堅（Tri Ralpachen）國王（這其中有好幾位，我之前都已經提過了）。阿底峽又說出了好幾個仲敦巴喇嘛的前世，像是尼泊爾的瑜伽修行者，或是西藏的喇嘛，其中大部分都是歷史上有名的人物，這和當時他們便是觀世音菩薩的轉世有關。關於觀世音菩薩轉世的神話傳說，達賴喇嘛五世並非像華德爾所認為的那樣。他其實只有否認或接受兩種選擇而已，而他還是選擇了接受這個神話傳說。

　　在西藏滔滔的歷史長河裡，想像某一尊特定的佛陀或菩薩化身轉世的這種情況並非特別的不尋常，有上百個喇嘛都類似這樣和某些神話關聯密切。達賴喇嘛五世如果出面駁斥他和觀世音菩薩之間的關聯性的話，將會是毫無意義。這個神話已經跟隨著達賴喇嘛的職位好幾百年，人們內心總是堅信不疑。而且，謙遜地出面否認這樣的傳言是會讓人更加確認它實際上就是觀世音菩薩的化身，因為

瘋狂達賴

大家都知道觀世音菩薩的言行一向是謙遜恭敬。

因此，羊巴曲傑以觀世音傳說的簡略摘要為開頭，來導引達賴喇嘛二世的生平；包括古代的觀世音菩薩是如何發願守護西藏；而又是如何化身為雅隆山谷中的神猴和令人憎惡的岩魔女繁衍而生下最原始的六個人類；接著，當人類社會在西藏發展起來，他又如何化身為不同的國王，像是松贊干布、赤松德贊等等，只為了將頓悟的正法傳到這個國度【註10】。

羊巴曲傑寫道：

……為了在西藏建立根深柢固的覺悟正法傳統，一開始他以松贊國王的形象前去襄助蓮華生上師；中間他曾以仲敦巴喇嘛的身分去完成阿底峽的工作；最後，他又成為嘉華根敦珠巴（Gyalwa Gendun Drup），更加確立了宗喀巴喇嘛的教義。

就這樣，在藏傳佛教的早期、中期和晚期，他以偉大的精神導師的形象現身西藏，要在雪的故鄉建立法幢。

西藏的神祕詩文傳統

　　神祕的詩歌是表達精神嚮往和藝術才華最古老的、最永恆的，也是最普及化的形式。神祕的歌謠保留了精粹古風，也許在文字尚未在社會上使用時，就已經開始流傳。

　　作為尚未發明文字時代的口語傳統以及作為文字本身，神祕的歌謠與詩句都能為歷史上無數的人類帶來快樂、靈感和方向。不限於某種特殊的文明或宗教傳統，他們的多樣化包括像聖經裡的讚美詩、蘇非（Sufi）詩人那些饒富靈性的作品、禪風俳句（Zen haiku）、印度的梵歌以及美洲的原始鼓歌。

　　有關這方面的天賦，西藏人有豐富的創作生產。他們保存了大量的詩文集，西方的西藏專家至今仍無法對這些作品進行徹底的研究。但是很清楚地，它們至少完成於佛教傳入之後。儘管神祕歌謠只能以口傳方式廣為流傳，但他們可能是在此之前就存在，那是佛教入藏之前洛巴（Loba）和苯教（Bonpo）盛行的時代。直到今日，有許多神祕詩文在苯教相關文獻中還可以找到，在圖彌桑普札攜回的文稿之中妥善被保存著。

　　如同之前所提到的，藏傳佛教實質上是由印度佛教所擴張和發展而來的，而佛陀所宣揚的教義分成兩種主要型態：「經部」（Sutrayana）與「金剛乘」（Vajrayana）。

45

因此，藏傳佛教的神祕書寫，包括它的詩文傳統，都受到
這種印度背景的極深影響，而且以兩種主要的型態來表達
——亦即經文的方式與密續的方式。

在印度佛教早期，詩文形式的創作是相當受歡迎
的。例如，據說佛陀本人的許多話語即是以詩文的形式被
保留下來。我們可以在《甘珠爾經藏》這本關於佛陀論說
傳統的選集中找到好幾十首這樣的詩文。他們以「詩偈」
（gatha）廣為人知，這些傳統的詩文不僅僅是源於佛陀開
示，同時也源於他的嫡傳弟子們當時的話語。

對藏人來說，以此為內涵的經部作品中又以《法句
譬喻經》（Udamvarga）的名言集最廣受喜愛【註11】。這本
關於佛陀實際靈修經驗以及由之而生的對於弟子的教誨，
在佛教傳入西藏的早期就被翻譯為藏文，其中的靈性詩文
書寫，以及詩的創作技巧，都被視為當時的典範。許多佛
陀的密續文獻也是以詩文的形式表達，被稱為「金剛梵歌」
（vajra gita）。西藏人非常喜歡這些，也因此這個範疇的金
剛梵歌到處都有，一般被視為是回溯原始密續典籍的方
法。

另一種印度文字傳統形式，其主要的讀者是屬於較
高層次的西藏人，就是以梵文所作的「詩文」（karika），
大致上是被龍樹（Nagarjuna）、提婆（Aryadeva）、月稱
（Chandrakirti）、無著祖師（Asanga）、世親
（Vasubandhu）、寂天（Shantideva）等等的上師所使用。這

些上師中，最重要的一位可能是龍樹，通常被稱為是「大乘佛教之父」，他誕生於西元一世紀。在藏文的「丹珠爾論藏」（Tangyur），或是較晚由印度上師所翻譯的作品選集中，包括了超過一百五十首是由他所作。這些詩文當中的許多作品結合了精神經驗成分，以及他給弟子們的開示。龍樹的《親友書》（Surrellika），就是這種形式中的典型。有一些作品的原文也翻譯成了英文。他的〈寶行王正論〉（Ratnavali）是入門選讀作品【註12】。

第三種對西藏詩文書寫產生主要影響的印度傳統是證道歌（doha），那是由印度佛教中的密續瑜伽士與瑜伽女所發展出的神祕歌謠型態。在序言之中，達賴喇嘛曾提及證道歌對於西藏人的重要性【註13】。

另一種對於西藏詩文重要的影響因素來自於古典印度文中關於詩作的技巧。在這方面，最受歡迎的印度詩人是丹地（Dandi），他對於作詩的論述在西藏早期剛開始接受印度文化時，便被翻譯成藏文，數百年來在這個雪的故鄉中一直受到關注。事實上，在西藏要是沒有讀過該作品，就不能算是受過良好教育的西藏人。不管是直喻法、隱喻法、韻律、語調和頭韻等等，在此都有詳細的闡述和說明，還有數十種用藏文所寫成的對於該作品的注釋和評論。這樣的書寫特質在包括達賴喇嘛二世、五世、九世和十三世的選集中歷歷可見，證明了丹地的寫作方式持續受到歡迎【註14】。這些來自印度的各種文化傳統，在西元七

世紀或八世紀間，一點一滴地影響了西藏。

　　在此，還需要提及的是印尼與佛教詩文的關聯性。篤信佛教的印尼從西元八世紀到十二世紀中成為幾個亞洲文明最為發達的地區之一，那些偉麗廟宇的遺蹟以及在婆羅浮屠（Borobodur）一地的佛塔都可以作為見證。西藏和印尼之間主要的交流是從十一世紀，由阿底峽開始。在造訪西藏之前，阿底峽曾經在印尼追隨藏人所熟知的金洲大師（Lama Serlingpa）長達十二年。在西藏所流傳的許多支派都是以印尼人的敏感度重新定義的印度傳統。尤其是金洲大師宣稱他身上已經成功結合兩種不同的印度傳統，亦即源於龍樹的「智慧傳統」（「空」的教義），以及源於無著祖師的「理論傳統」（菩薩的六波羅蜜）。兩者的整合透過印度經驗傳達，被阿底峽認為是從他所追隨的五十五位上師所接受到最珍貴的佛教支派。

　　金洲大師將他的支派包裝成各種口語傳統形式。這其中最重要的兩種形式就是藏人熟悉的「道次第」（Lam Rim）以及「婁炯修心法」（Lojong），他們分別被翻譯為「通往頓悟的狀態」與「心靈的轉化」。這些詞彙主要是指教學的傳統，在這樣的傳統中，達到頓悟的完全途徑可以在體制規範內經由特別設計表現出來。然而，它們也意指文字書寫的類型，亦即這些形式的書寫具體化了教義。

　　這些教義許多是以詩文的型態存在，像是「道次第詩文」或是「婁炯修心法詩文」。它們以詩的結構展現了

在此傳統中的冥思者經驗，並且傳達了上師們給予弟子的開示。藏文中展露這些特性的文本有好幾千篇，有一些只是簡單的輕快歌謠；另外則是有點正經，諄諄告誡的詩文；還有一些祈禱文，渴望能夠達成領悟。達賴喇嘛二世深深地被這些詩文書寫所感動，我們在他所創作的歌謠和詩句中都可以感受到這一方面的強烈成分【註15】。

簡要地看一下西藏人經驗裡的歌謠與詩句，並且回顧那些其創作仍然在西藏歷史中成為標竿的名人，將會對了解來龍去脈更有幫助。

正如之前所提到的，在七世紀中葉，松贊干布國王以及他的特使圖彌桑普札打開了迎接印度文化的窗口。除了將許多梵文作品翻譯到西藏來之外，圖彌桑普札以及他的夥伴們也介紹了印度詩作的相關知識，包括先前提及的各式作品的點滴。

西藏對於印度在知識上與精神上的浪漫情懷在接下來的一個世紀跨越了一大步，當時印度著名的密續上師蓮花生大師（Padmasambhava）還受赤松德贊國王之邀前來雪的故鄉授課說法。蓮花生大師在西藏神祕詩文傳統的進展中扮演了重要角色。不只是因為他和弟子們從梵文翻譯了許多詩文作品，就連他授課的內容和許多預言選，也是以詩文的形式記錄下來。他的一些傳記，以及他得意門生的傳記，乃是採取敘事詩的方式書寫【註16】。

又歷經了幾個世紀，西藏這個雪的故鄉湧現了一批

瘋狂達賴

49

神祕詩人，特別值得一提的也許是阿底峽在這方面所造成
的影響，以及他在十一世紀中葉所鼓吹的文藝復興。我之
前已經討論過他的宗教活動，並且提及他所引進的印尼文
化傳統影響了西藏神祕文化。然而，阿底峽的影響力比我
所能書寫的更加深廣。除了這些重要的活動之外，他致力
於鼓勵西藏人全面複習印度佛教的著述，從龍樹的書寫以
降，都不應該被輕忽。他自己的數十首詩文作品，以及許
多他所最喜愛的梵文格言詩譯本都收錄在一個重要的選
集，以《覺阿竹仲嘉措》（Jowo Chuchung Gyatsa）或《覺
阿阿底峽的最愛——百首詩選》（The Hundred Little
Favorites of Jowo Atisha）的標題為名，被保存在西藏《丹
珠爾選》（Tengyur）。所有的藏人都知道這一本選集；無
疑的，這本選集也影響達賴喇嘛二世的書寫風格【註17】。

　　事實上，以下有關阿底峽到達西藏西部阿里（Ngari）
的相關軼事，說明了他是天啟的神祕歌謠和詩句的創作
者。阿里的仁千桑波喇嘛——同時也是西藏著名的翻譯家
與老師，據說就曾經質疑過是否該邀請阿底峽。儘管如
此，當大師抵達了阿里，這位長者兼受人敬重的翻譯家還
是以禮相待，陪伴他遊歷整個寺院一帶的地區。阿底峽在
一幅畫像和一座雕塑面前停下了一會兒，然後用梵文哼唱
了和眼前每一個形象有關的歌謠。桑波喇嘛當場被這種歌
謠的優美、深刻和極致的詩意所震撼，儘管他熟悉印度的
文學著述，但這些都是他之前從未聽過的，於是問起阿底

峽這些歌謠來自何方。阿底峽回答：「他們並沒有什麼特別。我是在剛剛走路的時候臨時創作的！」桑波喇嘛頓時滿心謙卑，並且成為阿底峽最忠誠的弟子。

　　以上看起來大致是討論西藏傳統中屬於精神的與神祕的詩文，在創作方法上深受外部所影響，而印度尤其扮演主要角色。然而，我不希望將它僅僅說成是西藏人學習印度人，而是從印度人身上找到方向和靈感，接著依據民族特性，發展出自我風格。

　　就像之前所提到，在佛教傳入西藏之前的西藏人，例如說洛巴時代或苯教時代，即擁有自己的神祕詩文傳統，儘管它們是以口傳的方式存在。從西藏人作詩的從容和快速看來，這的確是一項歷時久遠的固有傳統。早期的寧瑪作家從開始有藏傳佛教起，就創作出一大堆詩文作品，可見早就具備以詩作為表達方式的背景。

　　更進一步地來說，早期沒有受過太多語文教育的西藏歌謠作家和詩人，對於寫作也不會感到困難。在此舉十一世紀的詩人密勒日巴為例，他幾乎沒有受過任何語文訓練，也的確從未讀過任何經典著作；可是，《十萬歌頌》（Mila Gurbum，或稱《密勒日巴十萬歌集》）【註18】至今在中亞仍然是最受歡迎的西藏神祕詩文選集。密勒日巴曾經擔任過苯教的教職（從松贊干布時代之前就流傳的西藏宗教之一），並且短暫追隨藏傳佛教的寧瑪學派研習佛法，然後加入大譯師馬爾巴（Marpa Lotsawa）門下進行

瘋狂達賴

51

瑜伽訓練。儘管他會讀也會寫,但是他的傳記揭露他所受的語文教育極少。事實上,他自己並沒有寫下任何隻字片語,而是由他的學生在稍晚之後,將他口中哼唱的詩記載下來。這種自然而自由的創作形式揭示了屬於西藏的固有本土背景。

另外還有很重要而必須注意的是,梵文和藏文之間存在著極大的歧異,而且這種差異會在彼此間形成一種競相仿效的關係。梵文屬於印歐語系,在結構上大部分是多音節的字,文法也達到一定的成熟度。而相反的,藏文源於印緬語(既比阿利安語更早,同時也先於梵文),它的字都是一兩個音節的長度,在文法的使用上也顯得匱乏。西藏能夠向印度看齊,以求取更多文字意涵與作詩的方法;但是這兩者之間的差異可能很難讓我們直接將拼字調換或是模仿造字。

西藏詩文的英文翻譯

如果考慮到西藏語言的特性,很明顯地,任何英文翻譯都無法如實表現出西藏詩文風格中的每一個成分。西藏詩文通常由四行的詩節所組成,每一行大概涵蓋六個、七個、九個或十二個音節。由於西藏文字大多是一個字一兩個音節,而英文字則是三個、四個或五個音節,因此翻

譯者有三種作法：刪減文字、增加額外的音節或詩節，或者乾脆不管韻律和長度等格式。大部分的翻譯者傾向採用這三種方法中的最後一種。因為刪去太多的文字就像是犯了褻瀆之罪一樣，而如果在組織架構上增加了太多音節和行數又使得刻意編排的節奏無法發揮出來。

翻譯者所必須保留下的，就是這些優美的詩文似乎將其要表達出的概念涵括在韻律和形式之中，每一個概念都可以藉由一行詩句成功表現出來。就像許多從事翻譯工作的譯者，我把這種「概念的韻律」當作是翻譯作品中必須依循的黃金紋理，並且企圖描繪出它的律動。最終的結果是它們就像是形式自由的現代詩文，稍微掌握了詩文的精神，以及原文的許多詩作技巧；沒有失掉其所要表達的意義，也不會明顯出現用字勉強或詩句重疊的形式。這樣的藝術即是以原來詩文所自然賦予的概念來識別，然後企圖以現代詩的自由形式重新創作。而如此翻譯的結果似乎比企圖堅守那些六、七個音節一行的創作方式，或粗魯地竄改掉那些發揮一定意義影響的部分，還要來得容易閱讀。

據說詩句的翻譯是各種翻譯類型中最困難的一種。就某方面來說的確如此，那就像是企圖從某種文化裡隨意挑出一首歌，然後要以另一種文化環境裡的樂器來演奏，而這種樂器所能彈奏出的音階又和原來的歌曲不能密切相配。兩者之間是絕不會完全一樣的。但是把音樂的外在形

瘋狂達賴

式處理成一模一樣，也並非是那個要進行音樂轉換的人該做的工作。如果要達成一模一樣的結果，還不如乾脆研習最初用來創作這音樂，並且因此而能夠使人陶醉其中的樂器。轉化音樂的藝術在於掌握原作音樂的精神、特質和實際的概念，然後依據個人的文化，找一種最適合的樂器將它彈奏出來。巴哈的作品若用大鍵琴來彈奏，絕對不會和以電子吉他、印度西塔琴或安地斯長笛所表現出的聽起來一樣。但是這卻不表示藉由不同樂器表現出來的巴哈音樂是毫無關係的──只要喜歡這些樂器的人可以陶醉其中，只要巴哈原作中所傳達的概念依然受到尊重。

　　詩也是一樣。莎士比亞的詩作譯本和莎士比亞以英文寫作的詩絕不相同。儘管如此，世界各主要語言都有其詩作的譯本。翻譯詩作的祕訣在於避免固守作詩的外部技巧，而是要看到原文所以感動人的部分，然後在特定的語言的適當氛圍，發出同樣清晰、幽默和快樂的共鳴。

　　由過去四十年和西藏文學接觸的經驗，我已經找到了一些基本原則。首先是絕對不做任何的翻譯工作，除非是遇到我極其喜愛的原著，而在閱讀這些作品中讓我感到溫馨、震懾或驚奇。第二，當我進行翻譯工作時，總是努力保留住藏文原著中激發我喜愛文學的元素。至於剩下的部分，在我看來都是多餘的。簡單地來說，我的目標就是與其他的外國讀者，以及無法透過藏文形式接觸文學的人們共同分享喜悅。當字句的字面翻譯和其所要傳遞的精神

之間產生衝突時——這種情況時常會發生在諸如西藏文學
這種非西方文學的作品中，我總是會以後者為優先。

　　當然，原著中總有某些側面是我沒有欣賞到的，所
以除非是碰巧，我的譯作中或多或少會有所不足；因為翻
譯本來就是個人閱讀原著之後，在另外的語言環境下盡力
地重新創作。我不會因為這樣的缺點而過份感到抱歉，反
而覺得可以釋然。藝術作品總希望能夠達到另一種不同形
式的完美，尤其是翻譯的藝術更是如此。我寫這本書的目
的便是要將我所喜愛的達賴喇嘛二世所創作的歌謠和詩
句，轉化為英文詩文，如此而已。那些想要從這本書中學
到更多的人，應該努力去學好藏文，讓自己能夠閱讀藏文
原著。

專業性的考量

　　如果對印度佛教或藏傳佛教沒有最基本的理解，幾
乎就不可能得以全然欣賞神祕詩文中的藏傳佛教傳統。當
然，我們不一定得是佛教徒或佛教學者，但是對於最基礎
的二、三十個概念與專門術語的簡單理解的確是必需的。
我們希望大部分的讀者都能夠對這種全球性的文化具備一
定程度的認知。畢竟，從過去兩千年以來，信仰佛教的人
一直都佔了世界人口的將近三分之一。

瘋狂達賴

現在，我要鼓起勇氣為初學的讀者們來提供進入正式課程前的特別導言。但是這其中，我會適當地說明達賴喇嘛二世的詩作中，所使用的主要專業術語及其相關研究。

佛教在實質上有兩個重要支派：小乘佛教（Hinayana）以及大乘佛教（Mahayana）。前者是指佛陀公開傳布的教義；而後者指的是提供給進階程度學生們的教義。前者的目的是達到「涅槃」（nirvana）的境地，那是從無知與其所引發的一連串的苦難中求得的內部精神解脫。欲求涅槃需要透過三種包括「持戒」（shila）、「禪定」（samadhi），以及「智慧」（prajna）的高深的訓練。所有的佛教徒都必須兼修這三者。

而大乘佛教的目標則是達到「正等正覺」（samyaksambodhi），完全佛性的狀態，那也可以被稱為是「涅槃」，或是精神解脫，不過它是更具統整性的層級。

修行小乘佛教的人可以稱之為「小乘佛教徒」（Theg-dman-pa），而當修行之人達到了涅槃的境地時，就成了所謂的阿羅漢（arhat）──摧毀內心宿敵之人。同樣的，修行大乘佛教的人可以稱之為「大乘佛教徒」（Theg-chen-pa），他們也可以被稱作是菩薩（bodhisattva），藏文大致翻譯成「覺悟的勇士」。小乘佛教和大乘佛教的主要不同在於前者渴求涅槃，是要在累世的痛苦中得到個人的解脫；而後者所嚮往的徹底覺悟，是為眾生求取最大利益。

大乘佛教徒的這種鄉嚮望被稱為「菩提心（bodhichitta）」或「覺悟之心」，我把它譯成「菩提心」，有時候譯成「覺悟的思想」。達賴喇嘛二世在他的歌謠和詩句中會經常提到。

　　大乘佛教徒相當重視發的菩提心，然後專心修行六波羅蜜：布施（dana）、持戒、忍辱（ksanti）、精進（virya）、禪定以及智慧。

　　不管是「菩提心」，或者是「頓悟的思想」，也包含兩種主要的形式：一種是「願菩提心」——意指堅定渴望著頓悟，以求眾生之利；另一種為「行菩提心」，是指堅定渴望行六波羅蜜。在藏文原文中另一種菩提心的區分法為「世俗的菩提心」，指的是以上兩種頓悟思想；以及「勝義菩提心」，也就是將全神貫注的菩提心冥思聚焦在「空」上，或是終極的實境。我要再一次強調，達賴喇嘛二世就是以這些標準定義，來運用「菩提心」這個詞彙。

　　菩薩也分成兩種主要類型：一種是指的是剛剛開始進行修行的大乘佛教徒，此時對於利他主義和普遍性菩提心的追求都十分堅定；另一種是「聖者」（arya），指的是「更高層次者」，就是在那些從冥想中已經獲致「空」性之人，已經達到最終極的修行境界，這些人可以算是聖徒。聖菩薩在達成佛性——徹底覺悟——的道路上要通過十地（bhumi）。我也要再次地說，這些詞彙都會出現在達賴喇嘛二世的歌謠和詩句裡。

瘋狂達賴

瘋狂達賴

在大乘佛教中達到徹底覺悟狀態的主要特徵是透過
二身、三身或四身等覺悟身進行轉化。有「法身」
（Dharmakaya）與「色身」（Rupakaya）兩種轉化的說法，
也可以說是「真身」與「化身」。前者指的是修行者的意
識轉化為二十一種智慧，而這樣的過程只有佛陀自身，或
者是其他佛陀才能夠得知。而後者──色身──指的是修
行者對於形體的經驗，將這些經驗經過轉化後，完美地表
達出來，任何非佛陀者都可以接收這樣的經驗。

法身與色身後來又因為「色身」分支為「報身」
（Samboghakaya）和「化身」（Nirmanakaya），而演變成為
三種。報身的層次是指佛陀向聖人或聖徒示現之身；而化
身則是指任何凡人都可以接收的層次。後來當法身也一分
為二──「自性身」（Svabhavakaya）與「智法身」（Jnana
Dharmakaya）的時候，這三身就成了四身。自性身是指佛
陀的心靈在頓悟過程中所經驗的空性；而智法身是佛陀的
意識中，屬於積極智慧的一面。

達賴喇嘛二世在他的歌謠和詩句中會隨機使用二
身、三身或四身這些詞彙，他們同樣都是意指開悟的狀
態，他似乎不太在乎這些用法。

佛陀的教義最終以佛經（sutras）和密續（tantras）兩
種主要的文獻方式來記錄，不管是大乘佛教或小乘佛教都
有佛經，而密續則專屬於大乘佛教。

從這個角度來說，覺悟之道亦可分為經部和金剛

58

乘。前者是指佛教徒的所有修行都是藉由經部中的內容來
鼓舞和指引（包括小乘佛教和大乘佛教）。而後者——金
剛乘——指的是修行的方式是由密續的內容來鼓舞和指
引。這就是眾所皆知的「顯宗」和「密宗」。

　　因此，經部在本質上如果不是屬於大乘佛教，就是
屬於小乘佛教，或者是兩者的結合。西藏流傳的是兩者的
結合。金剛乘則特別專屬於大乘佛教的密宗方面。

　　金剛乘乃由四個分部所組成：事部（Kriya）、行部
（Charya）、瑜伽部（Yoga）和無上瑜伽部（Maha
Anuttarayoga）。在每一部中都有許多密續的組織系統，每
一個都表現了冥思訓練的完整方法，由之通往悟境。

　　每一個密續的系統都以一個本尊來當作核心象徵：
本尊代表根、道、果三事。密續本尊在「根」的象徵上，
指的是我們心靈可以與通往覺悟之道連結起來的面相；而
「道」是冥思和瑜伽的一套系統；「果」則是達到覺悟的
狀態。

　　在四個分部當中，前面三個通常歸為「較低的密
續」，而第四個自身就構成「無上瑜伽密續」。達賴喇嘛二
世最常提到第四個分部。

　　所有的密續系統都有兩個階段的修行，在較低的密
續裡，有所謂「有象瑜伽」和「無象瑜伽」。而在無上瑜
伽密續，就是「生起次第瑜伽」和「圓滿次第瑜伽」。在
所有的密續系統中的這兩個階段，也可以說成是「第一次

瘋狂達賴

瘋狂達賴

第」和「第二次第」。

廣泛地說來，所有密續傳統中的第一階段指的是「壇城」（mandala）的冥思過程。我們可以把壇城描述成一個小宇宙的樣態，可以讓一個本尊或更多本尊安住其中。在壇城的冥思（sadhana）進行之時，修行者觀想自己的平凡形象與世界化入光中，然後化作本尊或佛。而其他的眾生也都會被看成是密續的聖眾；所有的聲音像是密咒般迴盪；所有流灌的思想都只是祝福與智慧。當修行者平凡的自我意識如此地轉化之後，再不斷誦念各種和壇城及其聖眾相關的密咒。這對於較低的三部密續，以及無上瑜伽部來說，都是相同的情況。然而第二次第就相當不一樣了。（第一次第也有一些不同之處，但我並不想在此特別說明。）

在第二次第修行進行時，較低的密續與無上瑜伽最大的不同在於前者強調的是一種不拘泥形式的冥想，注意力集中在「止」（shamatha，一種沉靜式冥想）和「觀」（vipashyana，一種洞察式冥想）的結合。

而至高無上瑜伽部就不是如此的狀況了。它強調的是專心致力於身體的能量中心「輪穴」（chakras）、「氣脈」（nadi）、「呼吸」（vayu）、「明點」（bindhu），作為將身體引導入某種特殊狀態的方法，尤其是要截斷那些較為粗劣層次的身體能量活動，如此一來，身體便維持在一種飄懸的靈動狀態。那些微妙的能量被心靈所吸取，在此微妙

能量的基礎上，意識不受任何干擾地自行支持。因而，此番過程中產生的意識便如死亡時自然顯現的明光，據說在一個憑藉微妙能量作為基礎，因而產生明光的冥想時刻，等同於一般的冥想進行一百年。

以上是簡單描述有關藏傳佛教的修行，它是小乘佛教和大乘佛教的結合，同時也包含了經部和金剛乘教法。

佛教的世界觀告訴我們，能夠生而為人是非常幸運的。人類因為具備了「智慧」，因此內心顯得特別溫柔善良。因此我們所有人都能夠達成涅槃以及徹底的覺悟。

這個周而復始的俗世，或者我們所稱的「輪迴界」（samsara），是由六種境地所組成，即所謂的「六道輪迴」：包括地獄、餓鬼、畜生（包括魚類、昆蟲……等等）、人類、阿修羅以及天人。前三種是較低級的境地，或是較為悲苦的狀態；後三種是較高級的境地，是較快樂的狀態。這六種境地都不圓滿，並且或多或少感受到煎熬。境界越低，痛苦更是無盡蔓延。這便是所謂的「生命之輪」，我們沒完沒了地隨之牽扯，只有達到涅槃，成就了自身的佛性才能解脫。

人類在六道之中最有覺悟潛力的另一個理由是——我們正處於這些境界的中段，既不會受到類似那較低階的三境界中無窮無盡的痛苦所折磨，因而擁有一些閒暇（dalba）能夠用來開啟智慧。而且，我們都飽嘗了生命中的痛苦，更能領受對於覺悟的渴求。我們不像阿修羅或是

瘋狂達賴

瘋狂達賴

天人那般擁有過度的快樂,也就因此能快速明白努力達成涅槃與覺悟的重要性。

我們在「生命之輪」上下遊走,並且依循「業」的法則經歷苦樂。「業」在佛教中指的是行動或活動,同時也是行為的本身和「業的本能」(las-gi-bag-chags),被留駐在造業者的心靈長河。而業種就在這條心靈長河中漂流,直到它長大成熟為某種經驗,或透過精神上的修為或理解來進行淨化。

受到貪、瞋、癡「三毒」(klesha)中的任何一項而激發出的行動總歸會建立一套負面的行為模式,終日牽扯不清。而由智慧、慈悲和忍耐⋯⋯等等所引發的行動則建立了正面的模式。負面的業種總是回過頭來造成了苦難;正面的業種則是帶來了喜樂。然而,這兩者到最後都不重要,因為不管是苦或是樂都會過去。儘管如此,後者還是比較好些,它比較容易建構出一個精神轉化和成長的情境。

在這世界上,環繞於我們四周的現象據說都同時存在兩種層次,這叫做「法相的兩種層次」。第一種是同分妄見,或者說是表象的層次,未受過訓練者就會感知到這方面的現象;第二種就是我們所謂根本的,也就是終極的層次,它所指的是「空」,也就是超越事物表象的層次——空性。

這兩種層次就好比是一體兩面,一方面,除了「空」

62

的終極本質之外，沒有任何事物真實地存在表象的型態裡；而另一方面，在同分妄見的層次，又似乎所有的事物皆真實存在，包括我們自己，都一起被鎖在因果循環的夢裡。

佛教的訓練目的即在於穩定地開發並且加深我們對於法相或是虛空的終極層次經驗；同時鼓勵我們能夠在由業的果報而引發的同分妄見層次活得有意義。

據說未受過訓練的眾生只能經驗到法相的同分妄見層次或表象層次。他們接著將這表象與他們認為事物本然存在或法相獨立存在（意即和其他東西分隔開）的天生傾向兩者混合。基於這種根本的錯誤認知，未受過訓練的眾生也持續錯誤地回應週遭發生的事件。這種我執的無知正是痛苦的根源。奠基於此，我們對於所有支持這個假我的事物皆起了執著，而我們對威脅到自我的事物就會瞋恨以對。

在佛教中，精神層次的訓練是要讓我們學習如何在這兩種法相層次的架構下過著具有創造性的生活；並且藉由守戒、覺察和內觀來整合出對於日常生活精神層次的原則和態度。依此方式，我們便可鎮定住蠢蠢欲動的三毒、扭曲的情緒以及一連串迷惑；並且提升感受性高而清明的內心。基於內心的清明，我們就可以學習那些將重點擺在空性和法相的終極層次等等更高深的冥想。終極法相的經驗會回過頭來從骨子裡釋放心靈，那原本是禁錮在由業障

和困惑所創造出的自我加害之囚牢。因此，心靈從業報控制的力量中逃脫出來了，充滿智慧、自由和閃耀驚奇的生命之星冉冉升起。在此之後，它從終極法相的經驗中浮現出來，並且將這個經驗帶回到同分妄見的世界。

小乘佛教徒和大乘佛教徒都提到覺悟之道的五個層次。小乘佛教徒的做法是由習慣不貪戀的觀點連結到智慧的經驗；大乘佛教的做法則是由把大慈悲當作是習慣性要素的願景，連結到終極智慧的經驗。

在大乘佛教，當一個人進了修行之門，大慈悲心就會逐漸培養出來，終而渴望開悟，以之為利益整個世界的終極有效方式，並對他人強烈的關心，就如同對自己一樣。這是通往覺悟之道第一層次的門，亦即所謂的「資糧道」。

藉由對於法相終極層次專業研究的深化和精煉，可以到達這個層次。當這個終極的層次，或是所謂的空，能夠在冥想過程中驚鴻一瞥，那麼就是抵達了第二個層次的大門，所謂的「加行道」。

現在，開始同時加強大慈悲的菩提心以及對於空的冥想經驗。當在冥想過程中獲得直接而非概念式的「空」的經驗時，就是抵達了第三個層次──「見道」，而達到十聖地──「聖人的階段」──的第一個階段。

就這一點來說，菩薩進行專心一致的冥想時，便能夠直接經驗法相的終極層次或者是「空性」。而當他離開

了冥想，各種現象裡的同分妄見也會顯露其真實存在的跡象。換句話說，法相的兩個層次——同分妄見的與終極的空性——尚不能同時在內心湧現。而接下來要通過的九個「聖地」，或者說是「聖人的階段」，就是一個整合法相之兩種層次經驗的過程。因此它可以稱為「修道」，或是「冥想之道」，也就是通往頓悟的第四階段。這裡，每一階的「聖地」彼此間是連續不斷的，聖人菩薩在進步中不斷增強精神層次的參悟、透視和化現。

最後，他將通過十地，進入佛地——大乘佛教的第五個階段，也就是「無學道」。在此，可以第一次感受到法相的兩層次經驗結合。

在此，修行者第一次達到了「法身」的境界。從法身接著而來的是「色身」，深入世間為眾生帶來最大利益：它包括了「報身」，或者說是「受用身」，主要是和聖人菩薩們一起示現，一同救渡；另外則是「化身」，或者說是「變化身」，乃是在一般凡俗世間來示現救渡。

在佛經和密續的傳統中，都有講到這覺悟之道的五階段——資糧道、加行道、見道、修道以及無修道。然而，對無上瑜伽部而言，兩種法相層次還是有一些不同的。他們認為同分妄見展現的是「幻身」，是身體的能量最微妙的層次；而法相的終極層次顯現的是意識的光明，是意識最微妙的層次。必須藉由產生兩者的經驗，並且同時整合幻身和光明瑜伽的同步練習，方能通過這五個階段

以及十聖地。最後，將會達到「雙運」（yuganaddha），這是「開悟」的密續同義詞。

最後，我要提到在密續文獻中很重要的「大手印」（mahamudra）。這是密續的獨門修行法，那就是不把世界分成好與壞、正面與負面、冥想與非冥想。這種修行的本質就是以「與空的認知所共生的美好幸福所產生的智慧」形成的大手印來印記所有的經驗。以這樣的方式來超越所有的二元對立，而我們用來面對各種事件的「自我中心回應」也因而崩解。輪迴和涅槃之間的鴻溝立即搭建了一座橋樑，所有的活動都可以看成是達到覺悟的條件。

藉由重新評斷我們自身的處境，以及了解自身的不完美，並且認知到自我改善的潛能，佛教的求得覺悟之道便於焉開展。這和四種高貴的法相主題息息相關，更嚴謹地來說，是四種聖人覺知的法相：未達覺悟的狀態將令人不滿足，並且傾向沮喪和痛苦；而不滿足和痛苦是由前因所引起；因為所有的經驗都源自於前因，從痛苦和不滿足當中求取解脫是有可能的；透過因果的徹底運作，人們可以遵循覺悟之道，而後證悟。

佛教徒之後轉而向所皈依的「三寶」——佛、法、僧——求取通向解脫與開悟之道的指引。

在這一本書中，達賴喇嘛二世便是在以上的精神和哲學環境的體制中創作與吟唱。如果我們能夠更加深刻了解當時的環境，那就更能夠領受創作中的涵義。儘管如

此，他的作品中許多字彙和訊息都非常的普遍化，我希望即使是偶爾才閱讀書籍的讀者，看這本書時也能夠感到自在與自得【註19】。

　　就像是神聖的達賴喇嘛在序言中所說，當我們歷經佛教教義的哲學訓練，對以上的概念和詞彙能夠抱持精確的理解，就像是在烹飪一盤好菜前備妥各種食材。如同我們不用對於各種食材的精確數量抱持太多想法，便可以單純享受食物的美好味道和質感，對於神祕的歌謠和詩句也是一樣。無論在閱讀之際他們到底激發了多少愉悅及靈感，我們都可以單純地來欣賞詩文的表面價值。

瘋狂達賴

註釋

註1 西方對於藏傳佛教發展最具權威性的研究是大衛・施奈爾格羅夫（David Snellgrove）所著的《印度－西藏佛教》（Indo-Tibetan Buddhism, Boston: Shambhala Publications, 1987）。

如同施奈爾格羅夫所指出，在圖彌桑普札的時代之前，西藏曾經嘗試過許多不同形式的文字書寫，儘管從那時候起這些文字就全都失傳了。在這方面，西藏中部可能比位於西部伽拉薩山脈（Kailash，靠近今日西藏和拉達克邊境）北部的象雄王國發展更形遲緩。象雄王國在成為重要的文化區域之後便消失。但是，在古代，它是連接幾個高度文明發展地區，像是喀什米爾、和闐、吉爾吉特，以及波斯等地的關鍵要衝。

施奈爾格羅夫也指出，西藏稍晚的歷史學家（大致上都是十三世紀之後的人物）以及現代西方學者，一般都稱呼西藏地區松贊干布時代前的信仰為「苯教」（Bon），他們將之描述為「佛教傳入之前」的薩滿宗教信仰。這個古代的傳統很有可能是受到盛行在印度北方貴霜帝國境內佛教早期形式的影響，特別是吉爾吉特與和闐。然而，苯教被認為是具有濃厚的薩滿風味，可以撫慰西藏遊牧民族的心靈，因此到了西元第七及第八世紀時，這種「非佛教的」宗教形式被較為嚴密周全的佛教運動所排擠。苯教教徒自己的說法是：他們的傳統來自西方地區的大食（Tazig），通常那裡指的就是波斯；而且他們也時常對著西藏的西方地區，包括像貴霜帝國，提及佛教區域發生的事。

註2 在西藏的古典時代（從十一世紀到十八世紀），年輕的僧人學者遊學於許多寺院，並且獲得不同支派的廣博經驗，是非常普遍的。追求單一支派的趨勢在隨後開始發展起來，成為在十八世紀的常態。

在今日，有極少數的喇嘛有跨支派的實質經驗。他們只有在其他支派的資深喇嘛所舉辦的公開儀式或課程中，才會接觸到其他學派。換句話

說，他們通常花了十到二十年的時間鑽研自身學派的義理；而只花十到二十小時來研習其他學派的義理。

註3 有關格魯學派來源以及宗喀巴融合以造就格魯派的其他傳承的來源，尚無徹底而批判性的英文研究問世。這個任務需要耗費一生方能完成。宗喀巴在數十個寺院研習過，對西方學界而言，許多地方都已經不可考，而其所提的教義旨趣如今也大多難以理解。在那時候，他們大部分都是獨立的教派。他不但從主要的學派中吸收精華，同時也從豐富多樣卻失去個別主體的傳統中擷取材料。

註4 達賴喇嘛七世個人的精神生活層次是世系中第一個違反歷來結合寧瑪和格魯兩個支派傳統的。理由或許是和他的前世達賴六世在位時，蒙古人發動戰爭大舉進入西藏有關。那時準噶爾蒙古人大大打擊懲戒西藏中部的寧瑪寺院，以宗教支派成見的高漲情緒作為藉口，掠奪了非格魯巴支派所建立的財產。六世的出身和傾向都曾經以寧瑪支派為主，而達賴喇嘛一旦脫離了格魯巴的軌跡太遠，其所受的危害是明顯可見的。

達賴八世的生活大致上是延續著七世，形成所謂的蕭規曹隨。但是現世的達賴曾在一次與我的對話中指出，在八世晚年的時候，就開始改變修行方法，並且依循早先時候的達賴們所提倡的傳統－－亦即同時結合格魯巴和寧瑪學派。不幸的，他在此之後，來不及讓這樣的修行方向可以臻至成熟，就很快往生了。

註5 西方的作家們不斷引用奧斯汀・華德爾（L. Austine Waddel）在19世紀與20世紀之交所作出的錯誤歷史描述，他們說達賴一世是宗喀巴的姪子，並且是格魯學派的創始人。

達賴喇嘛一世絕對不會是宗喀巴的姪子。他的叔父是一個在歷史上默默無名的人，一直到他死後，大家才知道他曾經守護著七歲的貧困孤兒，

而這個小孩最後注定成為中亞的佛教聖徒之一。

宗喀巴的五大弟子和他本人都沒有任何血緣關係。雖然他曾經研習過薩迦和止貢支派,當時都是遵循世代相傳的嫡傳系統,但是他並未因此而仿傚這樣的傳統。他也拒絕像是有些學派的傳承是透過化身(化身成「祖古」)或者是轉世的喇嘛,例如噶瑪噶舉派的典範。他則選擇了噶當傳統作為典範,其戒律和精神的傳送是透過以學習和修行而聞名的比丘。

我們會看到,不久之後格魯學派很快就改變了它對於化身現象的立場,轉而採行噶瑪噶舉派「轉世喇嘛」的制度,結果就出現了達賴喇嘛、班禪喇嘛、章嘉祖古,以及哲布尊旦巴祖古。過去三個世紀以來,在格魯學派,掌握主要傳佈無上瑜伽密續組織的教派歷史傳位,就是透過達賴、班禪、章嘉、哲布尊旦巴四大轉世喇嘛。

註6 我參閱了達賴喇嘛一世的傳統傳記《嘉華根敦珠巴的十二大善行》,當作對從《精選達賴喇嘛一世作品:佛經和密續之間的橋樑》研究達賴生平和作品的輔助讀物。

註7 西藏喇嘛多重轉世的概念主要是來自印度大乘佛教教義,據說在「十地」第一地的菩薩能夠派遣出一百尊化身。而之後接續的每一地,都能夠將這樣的力量再增強十倍。

這個主題在月稱大師的印度經典論述《入中論》中有所討論。因此神聖的達賴喇嘛在序言中就不經意提到「乃瓊神論」在1543年或1544年已經預言了達賴喇嘛二世會現示出一百個化身轉世。顯然達賴喇嘛一世較為謙遜謹慎,只派遣了三個化身轉世。

註8 達賴喇嘛六世的生平與死亡一直都充滿了傳奇性。許多關於他的故事都把他說成了一個狂野的密續瑜伽士或是詩人,靠著炫耀其高昂的性能力吸引不少人來親近密續教義,並且大大取笑了西藏人對性的害羞態

度。

至於有關他的死亡傳言，有著兩套截然不同的版本。一種較為古老的傳聞是說在拉桑汗（Lhazang Khan）的蒙古軍隊入侵，將他俘虜之後，就注定了他被放逐的命運。然而，當他和押解侍衛到了西藏和蒙古邊界，並且搭帳棚過夜時，他就對著那些侍衛，穿上了達賴五世的服裝，演出了一齣悲劇，並且表演神祕舞蹈，最後就坐下來冥思。然後，他刻意讓靈魂出竅，算是在1706年往生。

第二個說法是從他的《神祕自傳》（Sangwai Namtar）所透露。據說他從蒙古人手中脫逃，但是害怕得供出罪狀，就釋放出已經死亡的訊息。他很快地就前往西藏的東北方牧羊，度過餘生。

不管是哪一種說法，反正有個小孩就在1708年出生，最後被指定就任為達賴喇嘛七世。

註9 華德爾的文章是經典作品，記錄了維多利亞時期基督教基本教義派對於西藏所採取的看法。作為相關主題作品的先驅，華德爾的書隨機地融合了事實與想像力，並且表達「反密續」佛教的立場。在他的繪聲繪影之下，西藏精神生活令人深覺可疑。儘管如此，華德爾還是填充了不少正確的文化和歷史資料在他的書內，他的作品影響了好幾代的西藏學研究者對於西藏的理解。

華德爾所犯的許多錯誤，像是之前所提到對於達賴喇嘛一世家譜描寫的謬誤，直到今日，幾乎都已經過了一個世紀，在許多具有權威性的書籍之中還是持續出現。舉例來說，像我最近讀到凱斯·杜門（Keith Dowmen）的《中部西藏有力量的地方》（The Power Places of Central Tibet, London & New York：Routledge and Kegan Paul, 1988）；以及史蒂芬·貝奇樂（Steven Batchelor）的《西藏導覽》（The Tibet Guide, Boston: Wisdom Publications, 1987）。

華德爾對於達賴喇嘛五世以及觀世音菩薩傳說之關聯性的誤讀，在第

瘋狂達賴

一部分也有討論。

撇開謬誤的部份不談，華德爾的書對於西方世界對於西藏的了解頗有貢獻，讀起來還是可以覺得有趣，並且獲得啟蒙。其中有許多書最近要在印度重新發行，尤其是他的《藏傳佛教——喇嘛教》（The Buddhism of Tibet, or Lamaism, London: W. H. Allen, 1895）絕對是經典。

註10 觀世音傳說和達賴喇嘛們之間的連結有個值得一提的部分，那便是後者只和前者的某些轉世直接相關，和其他的轉世卻無關。例如說他們和赤松甘布以及仲敦巴有關，他們兩者在世時都被視為是觀世音菩薩的轉世；但是達賴喇嘛們和根本仁波切與噶瑪巴就沒有直接關係了，然而這兩位也是觀世音菩薩的轉世。這種「傳承」（gyu）據說是不相同的。

更進一步來說，許多達賴喇嘛的「前世角色」不是觀世音菩薩轉世，而是其他菩薩的轉世。至於赤松德贊和赤惹巴千，一般的普遍說法就分別為文殊師利菩薩和金剛手菩薩的轉世。儘管達賴喇嘛被形容為觀世音菩薩，但這些菩薩也是達賴的「前世」。

註11 這本書的英文版書名叫做《西藏法句經》（The Tibetan Dharmapada），由葛雷‧斯帕漢（Garreth Sparham）所翻譯。（Boston: Wisdom Publications, 1986）

註12 傑佛瑞‧霍普金斯（Jeffrey Hopkins）的譯本較缺乏詩意。（London: Allen & Unwin, 1973）

註13 在英文譯本中的一例是根室（H. V. Guenther）所作《薩羅訶的皇室之歌》（The Royal Song of Saraha）的譯本與評論（Oxford: Oxford University Press, 1968）。薩羅訶（Saraha）是早期印度密續「大成就者」當中最重要的，他的證道歌被視為經典。

註14 其中，我最為喜愛的是達賴喇嘛十三世的作品。達賴十三世將他強烈的幽默和喜感帶入作品，否則它們讀起來可能會有一點枯燥。舉例來說，他在位時，西藏的哲人們曾經為了「自性空」（Self-Emptiness）和「他性空」（Other Emptiness）進行過重要的辯論。十三世就以丹地的方法寫了一些詩文來作為這場爭辯的隱喻，輕鬆描述了哲學狂熱者的幻想。

達賴喇嘛五世的評論對於西藏人來說則更為赫赫有名。然而，據說他對於丹地許多部分的描繪都是錯誤的。許多西藏人因為讀了他的作品，因而以訛傳訛。西藏人並不因此而鄙視他，或是減少對他的尊敬。許多人都認為他是故意這麼做，以引發人們對於印度傳統複雜性的重視。

註15 很遺憾地，有關西藏與印尼在精神層次方面關聯性的研究相當少。阿底峽是促成西藏和印尼交流連結的歷史人物之一。

佛教在印尼曾經流傳一段很長的時間，直到十二、十三世紀不容異議的伊斯蘭教傳入時才消失。由於圖書館多被破壞，能夠藉由當地住民的原有資料來了解的部分相當少。因此西藏的文獻可以算是見證這一段重要開化史的唯一證據。那是佛教的一段黃金時代，婆羅浮屠位在離雅加達不遠的爪哇，證實了印度傳統在當時所成就出輝煌的文化及高度的藝術。

註16 這些作品的英文版都很容易找到。《蓮花生大師的生活與解脫》（The Life and Liberation of Padmasambhava）的英譯本由塔尚（Tarthang）與他的學生們共同完成。（Berkeley, CA: Dharma Publications, 1980）而《空中舞者：伊喜措嘉佛母的祕密生平與道歌》（Sky Dancer）則是蓮花生大師的女弟子兼愛人伊喜措嘉（Yeshey Tsogyal）的傳記。由凱斯‧杜門所翻譯，描繪出佛教經驗的早期時代，蘊含在細膩的詩作中，展現西藏人的熱情。

瘋狂達賴

註17 我和朵本祖古共同翻譯了一些,作為印度紀念阿底峽千年誕辰紀念活動的一部分。收錄在《阿底峽與藏傳佛教》(Atisha and the Buddhism in Tibet, New Delhi: Tibet House, 1982)。

註18 密勒日巴的歌謠與詩作有一些已經譯成了英文版。張澄基(Garma C.C. Chang)的《密勒日巴十萬歌集》(Hundred Thousand Songs of Milarepa, Oxford: Oxford University Press, 1969)仍然是流傳最廣的。《山澗之歌》(Songs by the Mountain Stream, New York: Lotsawa Press, 1983)則由拉隴巴(L. Lhalungpa)所翻譯,也同樣值得注意。

註19 若真的想要真正了解達賴喇嘛二世的歌謠與詩作,就應該必須嘗試更多的閱讀。雖然有一些是直譯,許多在意義上卻包含了好幾個層次。

閱讀藏傳佛教的背景說明書也許會有幫助。如果是為了該目的,我通常會推薦我所寫的《達賴喇嘛三世經典作品:純黃金的質感》(Essence of Refined Gold, Ithaca, NY: Snow Lion Press, 1982),它同時包含了達賴喇嘛三世的原著以及現世喇嘛所做的當代評論。

第2部分

達賴喇嘛二世的生平

達賴喇嘛二世的傳記

　　在西藏雖然有許多關於達賴喇嘛二世生平的文獻，但是大部分在中國共產黨入侵西藏，並且焚燒西藏主要圖書館之後，都已經破壞殆盡。然而，還有兩樣主要作品僥倖遺留下來。第一樣是達賴喇嘛二世自己所寫的《自傳》（Je-nyi Ranggyi Dzepai Namtar）。完成於達賴二世五十三歲時的「土鼠年」（1528年），是我們認識他言行和建樹的重要資料來源。在這本自傳當中，特別有趣的是他描述了對於祖父母和父母的回憶、孩提生活、十幾歲時從札什倫布寺被放逐時如何地傷心，以及後來他在拉姆納措湖（Lhamoi Latso）的聖化與加持之下，心中所出現的景象。他也說了一些在拉姆納措湖旁建造曲科傑寺（Chokhor Gyal Monastery）的相關細節。這些碩果僅存的書卷提供了他在不同時期講道授課的清單，以及記錄旅行的年表【註1】。

　　第二樣記錄他生平，並且更為容易閱讀的是《如意寶樹》（Paksam gyi Jonshing）。這本書一共分成兩個部分──上輯與下輯，是由不同作者所寫。（雖然是不同作者所寫，但是這本書依據傳統以單冊發行，共十六章。）

　　上輯的部分描述的是嘉華根敦嘉措（Gyalwa Gendun Gyatso）的早年生活，由羊巴曲傑──他的親近弟子──來訴說。這部分包含書中的前面十三章，在「鐵虎年」

（1530年）撰成。由於寫作的時間晚了二世的《自傳》兩年，因此大量地擷取《自傳》的材料。然而，羊巴曲傑因為生病而必須擱置寫作計畫，他在不久之後便過世了。

這本書的原稿在羊巴曲傑過世的三十年之後，在才華洋溢的貢卻嘉手中完成。一般推測貢卻嘉將羊巴曲傑的原稿編輯成書，並且在自己完成的部分加上「下輯」的字樣（由篇幅稍長的三個篇章所組成），是為達賴喇嘛二世餘年（1530~1542年）的記述，當然也說明了二世的往生與隨後的葬禮。貢卻嘉並非達賴喇嘛二世的嫡傳弟子，他從不同的文稿和年紀較大的二世弟子口中對於上師晚年的描述，苦心搜查他所要的資料。

在此之後，我直接把這本分成上下兩部分的原著稱為《傳記》。我在引用它的時候，有時候就只提作者的名字而不提書名。因此，如果我引用了前面十三章的內容，便會指出是引用羊巴曲傑的說法；如果引用的是十四章到十六章的內容，就會說資料來源是貢卻嘉。

有許多簡短的藏文自傳隱藏在生平故事的傳統摘略裡。內容最豐富的也許是噶千智幢（Tsechok Ling Kachen Yeshey Gyaltsen）於十八世紀末所寫的《上師生平的道次第傳述》（Lam Rim Lagyu）。作為達賴喇嘛八世的家庭教師，噶千智幢能夠輕易進入藏書豐富的布達拉宮圖書館。他也是個才氣縱橫的作家，其所著的《上師生平的道次第傳述》成為了文學傑作。這本書介紹了超過兩百位印度與

西藏上師的傳記（後者也包含來自噶當巴和格魯巴的部分），意即那些被列為以道次第教學來傳法的人物。達賴一世、二世、三世、五世和七世都赫見其中。

在以上所提及的三本著作中，達賴喇嘛二世都不是被稱為「達賴喇嘛」。誠如我稍早之前說的，他是在死後才被如此稱呼。羊巴曲傑和貢卻嘉一般都使用傳達性質的形容詞「杰尼」（Jenyi）或「傑喇嘛」（Jey Lama）來稱呼二世。他們翻譯出來的意思分別是「至尊」或「至尊上師」。

儘管貢卻嘉並未在達賴喇嘛二世的《傳記》版權頁明言，但是它似乎從一本由邱傑索南札巴（Chojey Sonam Drakpa）所著作達賴喇嘛二世的傳記中擷取了不少內容。邱傑索南札巴後來也在歷史上名列為達賴喇嘛二世的主要弟子之一。

邱傑索南札巴所著的達賴喇嘛二世傳記似乎沒有被保存下來。雖然在他藏文版和印度文版的《精選集》（Collected Works）都有提到那本傳記，但是實際上它並未以任何文字的形式出版。我不知道邱傑索南札巴寫作的年份，但是肯定是在1560年貢卻嘉完成羊巴曲傑的手稿之前。邱傑索南札巴的哲學著作相當有名，他所寫的幾本寺院教科書（Yig-cha）至今仍為哲蚌寺及甘丹寺（Ganden Shartsey）的僧眾與學生們所研讀。然而，他其實是個既嚴肅又無趣的作者，所以他對於達賴喇嘛二世的生平介

紹，會被埋葬在文學史的流沙之中。

為達賴喇嘛二世追本溯源

　　我在早先提到，達賴喇嘛一世在往生之後，曾遊歷
兜率淨土，遇見了彌勒佛、阿底峽以及宗喀巴喇嘛，並且
向他們請示若要在世間利益眾生，應該往何處去。宗喀巴
丟了一朵白花，落在西藏西南部的藏省內某一個瑜伽修行
者的瑜伽關房。這個關房是由一個瑜伽士家庭在此安居，
他們傳承了祖先們有關精神層次修行和傳布的遺風。羊巴
曲傑的《傳記》對此有相當詳盡的描述。

　　達賴喇嘛二世的父親貢噶堅贊，是一位受人敬重的
喇嘛，修行藏傳佛教中的香巴噶舉、希解（Shijey）和寧
瑪學派等支派，並且直接領受了由達賴喇嘛一世所講授的
課程內容。他的母親也是達賴喇嘛一世的弟子，被視為是
十三世紀的瑜伽女，同時也是主要弟子之一的卓哇桑莫
（Drowai Zangmo）來轉世。

　　在《傳記》中指出，直到第八世紀中葉，他的祖先
們一直都還是在西藏東南部的康區游牧。後來，他們接受
了拉薩赤松德贊國王的命令，前往西藏中部協助西藏第一
寺——桑耶寺的興建工程。在那裡，他們遇到了蓮花生上
師（古魯仁波切），並且參與了他所籌畫的建築工程。除

了為桑耶寺興建工程出力，他們也協助興建了巴塔霍吉修洞（Bata Horgyi Gomdra）──那是一座重要的冥想關房。

《傳記》提到了他們也參與古魯仁波切招納護法白哈爾，並且任命祂守護西藏的密續儀式。這當中牽涉到了很特別的關聯，因為八百年之後，白哈爾成為守護達賴喇嘛轉世護法神，同時是達賴喇嘛五世於1642年成為西藏政教合一領袖之後，「乃瓊國立神諭」（Nechung State Oracle）所請示的神靈。

大約從西元八世紀中葉開始，這個家族專心致力投入佛教的冥想。他們在雅魯尚（Yaru Shang）定居下來，並且建立了父傳子的精神承襲支派。這種「家族式支派」在早期的西藏很常見，許多部落在信奉佛教之前就採用這樣的習俗【註2】。

《傳記》列出了這個家族中諸位元老的名字，他們歷經了一代又一代，傳承了由根本仁波切所遞予的精神支派。《傳記》對這些人物的著墨不多，除非他們成為舉世聞名的大師的弟子。舉例而言，他們當中有一位師事著名的瑜伽士加洛喇嘛（Lama Galo），並且藉由修習「赫魯嘎勝樂金剛（Heruka Chakrasamvara）」密法達到了高層次的精神領悟，因此書中對他就有較詳盡的描述。他之後結了婚，並且生下數名小孩，由其中一個小孩來傳承他的支派。

瘋在達賴

　　達賴喇嘛二世的曾祖父貢噶桑布（Kunga Zangpo）為此投注了相當多的心力。他成為了澤東（Tsedong）國王的本益（文書官）。然而，世俗的瑣事一下子就讓他感到厭煩，於是放棄了宮廷職務，過著以冥想與瑜伽修行為重的生活。他從當時幾個著名的喇嘛，包括像完全成就密續的大瑜伽士官波貝（Gonpo Pel）的身上接受了塔波噶舉與香巴噶舉的教義，因而「……對教義的領受量等虛空。」

　　貢噶桑波的兒子頓月堅贊（Donyo Gyaltsen），也就是達賴喇嘛二世的祖父，成為家族式支派的繼承人。除了從他父親那邊傳承下來的塔波及香巴噶舉支派以外，頓月堅贊也從寧瑪和薩迦學派吸收了一些不同支派的精髓。他同時又蒐集了希解派早期、中期和晚期的支派，讓自己完全貢獻於修行，並以高度的熱忱傳布這些支派的教義。《傳記》是這麼說他的：「……已經達成了透悟的能力，可以辨識過去、現在、未來的所有事物。」似乎從他之後，這個家庭就以信奉希解派傳統為主。

　　《傳記》評論了二世的曾祖父和祖父：「因此，這對父子同時聽從並且也實踐了舊學派與新學派。他們藉由文獻的傳布、教義的解釋，全心全意進行口耳相傳，達成了學習最高境界與對瑜伽的深切理解。」

　　達賴喇嘛二世的父親就是頓月堅贊的兒子。他從自己的父親和祖父那邊吸收了所有的支派教義。除此之外，

他更將學習的觸角延展到了達賴喇嘛一世嘉華根敦珠巴以及達賴喇嘛一世的老師喜饒僧格（Sherab Sengey），在精神層次的修行上臻至成熟。

關於二世的母系祖先，《傳記》提及的部分不多。然而，有許多篇幅說明了二世的母親是如何具有強烈的精神靈性，村莊裡的人們都把她視為十二世紀著名的瑜伽女卓哇桑莫轉世，每天都花了許多時間從事冥想修行。其中較為有趣的，是她每天所進行的成就法（壇城冥想以及密咒的誦唸）集中在四尊神祇身上——密集金剛（Guhyasamaja）、赫魯嘎勝樂金剛、大威德金剛（Yamantaka）以及時輪金剛（Kalachakra）。這些是格魯學派的核心密續修行，而且她似乎是受到達賴喇嘛一世的啟發而開始投入如此的修行。

達賴喇嘛二世在他的《自傳》，說到了母親散發出溫暖的母愛與豐沛的情感：

因此，為了家族傳統的永續發展，他（我的父親）在四十五歲的時候娶了（我的母親）貢噶貝莫（Kunga Palmo）。她被認為是好幾百年前郭倉巴大師（Gyalwa Gotsang）門下的瑜伽女轉世，那就是著名的空行母卓哇桑莫。

我的母親從小開始，便能夠記起許多前世發生的事情。當她長大為少女的時候，就已經完成瑜伽密續中三樣的最高修行——密集金剛、勝樂金剛和大威德金剛—

—另外還有藥師佛（Buddha of Medicine）與其他數個密續組織系統。……，特別要說的是，她還領悟了精深的時輪金剛教義。

她對於冥想的修行方法特別熟練，並且直接從達賴喇嘛一世的口授傳布當中，接受了甘丹教派的大部分高深教義。

我何其有幸，可以進入這位具備成就而又虔誠的精神修行者之子宮。

因此，達賴二世的父親與母親都是達賴喇嘛一世直接的弟子。《傳記》提供了這個線索，說明死後的達賴喇嘛一世因為這個緣故，在準備找個地方再生時，選擇了他倆作為父母。

達賴喇嘛二世所投胎的這個家庭，在他六歲時與祖母相見的場景也許可以作為其家庭生活方式的最佳註解。這個事件同時出現在羊巴曲傑的《傳記》，以及他自己的《自傳》中。我從《自傳》節錄一段，其描寫更獨具個人色彩：

當我七歲那一年，我父親的母親桑結甲莫（Sangyey Gyalmo）生了一場病。她當時已經八十歲了。在此之前，她的生活主要就是獨自地進行冥想修行。據說她三十六歲的時候砌造了她那座冥想洞窟的門，並且發誓再也不會下山。

在進行冥想的過程中，她曾經一度瞎眼，但是卻用自己所知道的祕方將其治癒。而如今，年邁的她卻被越來越多的體液排出所苦（編按：黃水病）。那是希解派的專屬病症，因為似乎很多希解派的冥想修行者都招致這樣的症狀。而她主要也是修行這個支派。

我父親是她的首席修行諮詢顧問。他經常去探視她，以確認修行進行得順不順利。他一向都會帶我一起去，而這次也沒有例外。

我的祖母見到我似乎非常高興，她這麼跟我說話：「啊！札什倫布寺的小孩童呀！你已經熟知法相的力量了。趕快鼓勵你老邁的祖母超越俗身的羈絆。指引我到空行淨土（Pure Land of Dakinis）去吧！」

我則用以下一段詩文來回應她：
瑪久桑結甲莫——成功地作為所有佛陀的母親，
您的確將前往空行淨土去遊歷了。
充滿智慧的白獅將化為您踏腳的丘陵。
五部空行將前來迎接您，
您將沿著喜樂的白色絲綢一路攀登而去。

您將讓天空充滿彩虹和亮光，
勇父與佛母在身邊簇擁圍繞。
當您抵達了空行淨土，

您將坐在那由知識堆砌的寶座上，
和那裡的玄祕的神祇共同說法。

歐！桑結甲莫，佛陀們的母親，我敬愛您！

我即時創作了這一首歌謠，並且唱給她聽。她似乎
非常高興。之後，我又吟唱了以下的詩文來為她祈福，讓
在場所有人都開懷大笑。

哈啦！呼！可呦！那啦啦！
祖母讓年老的邪魔所困擾，
我現在唱首歌給您聽。
您的鼻子流下了幾滴鼻涕，
血液和濃汁則在您體內變硬，
蟲蝨和牠們的卵蛋將黏附您的身體，
那便是裝載憂傷的器皿。
然而，神奇的女人啊！您將超越所有的恐懼與苦
難，
將從死神手中擄獲自由。
我敬愛您！我敬愛您！我敬愛您！

她就在我們探視不久之後往生。臨終時，她輕輕歎
了一口氣，代表已經達到精神修行的最高層次。

　　以上的段落揭示了環繞在這位年輕喇嘛生活中的幾個重要概念。首先，祖母說他是「札什倫布寺的小孩童」。札什倫布寺是由達賴喇嘛一世在1447年所建造的寺院大學，並且直到1475年一月初後一個禮拜，在一世往生之前，都是他最主要的住所。因此，祖母已經對著他指出他正是達賴喇嘛一世──嘉華根敦珠巴──的轉世；第二，這個事件說明了年輕的達賴喇嘛二世對於表現精神層次的詩文能說能唱，關於這項個人特色，神聖的十四世達賴喇嘛在序言中已經點出，我在稍後會描述得更為詳盡；第三，它說明了達賴喇嘛二世的祖母和父親高深的精神內涵，以及小男孩和兩位長輩所共享的緊密關係。

達賴喇嘛二世的誕生

　　就西藏的傳記傳統而言，有關喇嘛的誕生通常會在傳記的一開頭便藉由其父母親的夢境來開始描述。這些夢境會發生在母親受孕之前，或是小孩在子宮裡的九個月之間，當然還伴隨著一些預言、示現或當地尊貴喇嘛所現身的夢境。

　　《自傳》與《傳記》都延續了這樣的傳統。我將會敘述一些羊巴曲傑在《傳記》裡頭所描述的夢境與徵兆。

瘋在達賴

在引言中，我提到了羊巴曲傑描述達賴喇嘛一世死後的際遇：他的神識遊歷到了兜率淨土，遇見彌勒佛、阿底峽和宗喀巴喇嘛，宗喀巴說了一個關於花的預言，以及預言中的花是如何掉落在達囊多傑丹的土地上——瑜伽修行者貢噶堅贊的瑜伽修行關房。

據說當時貢噶堅贊正虔心冥想，傾所有的注意力於「睡夢瑜伽」（Dream Yoga）。有個小男童走入他的夢境，並且告訴他：「全知全能的根敦珠巴（也就是達賴喇嘛一世）將很快到達此瑜伽修行之處，你必須好好接待他。」然後，貢噶堅贊就夢到他和這個男孩御風而行，來到根敦珠巴進行冥想的洞窟。在那裡，他親眼目睹年邁的喇嘛全身散發出熾熱的光芒，臉色白裡透紅，並且微笑地看著他。

幾天之後，他再度夢見自己前去拜訪根敦珠巴，喇嘛這一次開口對他說：「我快要完成閉關修行了，你得到札什倫布寺，拿我的法袍和僧缽來給我。」

之後不久，二世的母親就夢到一個如同芝麻般小的藍色圓點進入自己的子宮，發出熠熠亮光。那亮光完全充滿她的身體，並且從毛孔中散發出來，照射了宇宙十方，驅逐了所有的黑暗。

在歷經了這些吉祥的夢境之後，這對父母親決定共同修行睡夢瑜伽，希望能夠招致更明確的徵兆，並且向根敦珠巴祈求預言【註3】。很快的，這位父親又夢到自己造訪

了根敦珠巴的冥想洞窟。而這位母親則是夢到根敦珠巴
走近她，摸著她的肚子說：「你將產下一個兒子，你必
須取名為『桑吉培』（Sang-gyey Pel），他將引領眾生開
悟。以此之名，過去、現在、未來的十方佛陀都認識
他。」

　　在此之後的數個禮拜以及數月，這位母親不停地做
著同樣吉利祥瑞的夢。有一次，《般若波羅蜜多心經》
（Prajnaparamita Sutra）在她眼前出現，幻化成一道光束，
衝入她的子宮。又有一次，她的丈夫也現身在夢裡，編
造「時輪金剛壇城」給她。後來這種壇城冥想也融化成
一團亮光，進入她的子宮。而第三次夢境則是出現了一
千柄智慧之劍，這些劍在落地之後成了點點亮光，然後
進入她的子宮。

　　根敦珠巴自己也出現在她夢中好幾回。有一次他在
夢中宣布：「你的兒子將背負根敦珠巴之名！」另外有
一次，他建議她：「你的小孩將有能力維持著龍樹及其
弟子的智慧傳統與無著祖師及其弟子的廣大菩薩修為傳
統。你在懷孕期間必須特別小心，並且保持心靈純淨，
很快地，所有喜樂將歸於你。」她立即醒來，感覺到振
奮、光明與快樂，就好像身體所有的不適都已經遠離了
一樣。

　　羊巴曲傑也評論：「這位母親在懷孕期間，還是照
常持續密集金剛、勝樂金剛、大威德金剛以及時輪金剛

的密續修行。她的冥想在此期間格外清明，而且更具自發性。」

在小孩出生前不久，這位父親夢到了自己拜訪一座寺廟。當他走進裡面，發覺根敦竹巴正坐在寶座上，讀著題名為「無瑕的光」（Vimalaprabha）的《時輪經》經文，並且在上頭作注釋。這位父親心想：「這說明了小孩出世後，在時輪金剛的密續修行與傳道上，將格外享有聲譽。」根敦珠巴把頭一轉，微笑看著他。

隔一天晚上，他又再度夢到根敦珠巴，端坐著進入了冥想，懷中握著金剛杵和金剛鈴。羊巴曲傑寫道：

在那之後不久，小孩子就出生了。那一年正是「火猴年」（1475年），勝利之月（Month of Victory，十二月）的第三天。天空無煙無塵，爽朗清明。陽光普照之下，儘管萬里無雲，還是出現一道彩虹橫亙屋邊，整個地區此時瀰溢著陣陣光芒和絢爛，伴隨天地微顫⋯⋯。因此，觀世音菩薩卸下菩薩法相，來到了凡間，以滿足眾生對祂的祈求，在脫離慈悲菩薩的尊貴形象之後，以一個普通人的模樣出現，遵循業的法則和傾向。

這個神奇的小孩並沒有特別以菩薩的樣貌出現。羊巴曲傑指出，這個小孩處處顯露是由不平凡的高人所化現。他的眼睛碩大、清澈、溫柔如麋鹿；他的手佈滿幸運的紋路，就像是法輪或貝殼；他的手指極端精緻，看起來

漂亮又靈巧。他的肩膀上有一些記號，暗指他多出了好些手臂，要為了世間的覺悟之道而工作。

羊巴曲傑在這一章的結論是這麼說的：

剛剛脫離母體後不久，這個小孩睜大眼環顧四周，認清周圍的每一個人。他笑了笑，把那充滿祥瑞之氣的臉龐朝向札什倫布寺，小巧的雙手合十，重複唸著佛陀之母——聖救度母——的密咒。

配合著夢境所預言，他的父母接受將他取名為桑吉培——引領眾生通往覺悟的創造者。這位父親旋即舉辦了許多密續儀式來祈求小孩的健康和長壽，好讓他盡情發揮其所擔負的天命。

童年生活

不管是《傳記》或《自傳》對這位小孩兩歲以前的描述都很少，除了兩者都說他的個性和一般小孩不一樣以外。

羊巴曲傑是這麼寫的：

他逃避一般小孩子們會玩的遊戲，而喜歡扮演喇嘛。他會坐在形狀宛如寶座的大岩石上，對著想像中的

群眾假裝傳道，並且為每個走近他的人雙手祝禱。他會
抓起黏土做成佛塔和佛陀的形狀，或是把石頭堆起來做
成佛塔，當作貢禮祈禱。這些行為都發生在他會說話之
前。而當他終於開口說話，第一個句子是「嗡 達列 度達
列 度列 娑訶」（om tare tuttare ture svaha），那是嘉華根敦
珠巴（達賴喇嘛一世）進行冥想時主要的本尊——聖救
度母（編按：即綠度母）——的密咒。

羊巴曲傑引用父親曾經告訴過他的話：

從他二歲或三歲開始，這個小孩經常將他回憶中的
前世生活經驗告訴我。不管是他走路、睡覺、飲食……
等等，都是那麼地與眾不同。他從未哭泣過或犯錯過。
他的身上總是散發出甜美的香氣，即使他弄髒了身穿的
褲子，……。而他從早年開始，就經常誦唸著聖救度母
密咒，……，我們都知道他是個不尋常的偉人，因此對
他也就特別照顧。

當這個小孩到了三歲，就表達出想要回到札什倫布
寺的願望。一般說來，他說話的方式都是藉由神祕詩文，
然後由他的母親作記錄。以下是他兩歲的時候所唱的詩
文：

這個小孩無法繼續待在這座小屋，
不久之後必須搬到札什倫布。
那裡更適合他安居，

香甜的茶水，

以及許多的弟子都在等待他回去。

當年他建造的神像依舊佇立寺廟裡，

講道的法袍也收藏如昔。

快帶他回去吧！

讓他去實現天命！

他父親於是問：「你是誰？你的名字是什麼？」

這個男孩唱答：

我的名字是根敦珠巴，是僧團最大的希望。

聖救度母——佛陀的母親，目睹我的死亡。

札什倫布寺的僧人烏澤桑楚瓦（Umdzey Sangtsulwa）

——根敦珠巴優秀的弟子，

將很快來此帶我回家。

聖救度母建議我在多傑丹轉世，

護法神大黑天伴我至此。

而如今已經花費太多時間，

我必須回到我的寺院，札什倫布寺——我註定的居

所。

根據羊巴曲傑在《傳記》裡的說法，是達賴喇嘛二
世親自描述達賴喇嘛一世的往生、往生之後前往兜率淨
土以及在多傑丹的瑜伽修行之地重生。這是他引用這個

瘋狂達賴

小孩兩歲的話，當時他是這樣告訴父母：

我死後便到了兜率淨土。在那裡我遇到了彌勒佛、龍樹、無著祖師、阿底峽和宗喀巴。我問他們如果要繼續生前的工作應該到哪裡去轉世。那位偉大的上師拿著一朵花和兩顆冰雹，說我應該在它們掉落之處重生。結果一顆冰雹掉落在西藏中部，而另一顆則落在康區。花朵的降落之地是多傑丹的瑜伽關房，因此我選擇了該處作為重生之處，而你們則為我的父母。

《傳記》裡寫道，從小孩學會說話的時刻開始，他就不停提到札什倫布寺。有一天，成群猴子來到這屋子附近，他從屋內往外喊著：「你們是從札什倫布來帶我回家的嗎？」他也是這般地詢問著飛來的鳥兒。

羊巴曲傑指出，當這一家子到鄰近村落參加宗教儀式的時候，這個小孩會指著建築物評論說：「這裡很像札什倫布的某一棟建築。」或者他也會說：「在札什倫布，有許多建築都像這棟一樣。」通常他都會以唱歌的方式來描述札什倫布寺的偉麗和祥和，以及當年他在那裡度過的平靜生活。

當他三歲的時候，這一家人前往附近的一些寺廟去朝聖。當他的父母虔心禮拜的時候，他卻四處遊逛而失蹤。他們瘋狂似地四處找尋，終於發現他出了神地坐在一棵樹下，兩眼呆望著天空。範圍內的區域整個沉浸在彩虹

的色澤裡，一道小彩虹劃過他的頭頂。當這個小孩一動也不動，他的父母便在一旁安靜地看著他。最後他終於回過神來，起身和他們一同返家。

他父親問：「發生了什麼事？」

「宗喀巴來了，並且和我說話。」男孩回答。

「宗喀巴長什麼樣子呢？」他父親問。

這個男孩開始描述，而描述內容全是引自《大乘經莊嚴論》（The Ornament of Mahayana Sutras），儘管他之前從未看過或聽過這本書的原文，但一開頭就是說：「這位精神導師平和、溫文、安靜……。」

有一天，當這一家子拜訪位於秀莫隴的寺廟時，這個小孩又再度出神。當他又回神過來時，告訴他的父母說：「你們知道，我並非真正的桑吉培。我真正的名字是仲敦巴喇嘛。當我望著天空，總是可以看到觀世音菩薩，聖救度母在他的右邊，妙音佛母（Sarasvati）在他左邊。祂們持續地對我說話，並且將預言告知於我。」

於是這位父親故意問他：「如果真的是這樣，那麼，你說我會活到什麼時候呢？」

「你將會在七十歲之後的第二年往生。」男孩這麼回答。

按照羊巴曲傑的評論，這個預言的確實現了。貢噶堅贊安心地活著，並且知道自己還有好些時日可活。直到最後，過了七十歲之後的第二年，他便往生了。

　　就像神聖的十四世達賴喇嘛在序言中所說，達賴喇嘛二世從小就本能地、從不間斷地創作神祕的詩文與歌謠。不管是《自傳》或《傳記》都提到了這些作品。遺憾的是這些作品大部分只留下以其字首所排列的目錄，也就是說這些詩文曾經被集結付印成冊，讓讀者們能直接參閱。而這本詩歌集似乎並沒有保留下來，而在他的《精選作品》中亦不復見。

　　然而，這些小時候所創作的詩文，少部分還是完整地被其他書籍所引用。例如，在他兩歲多時，正在假扮神祕舞蹈的舞者，而當舞跳到一半時，他轉身對著父母並且唱著：

　　我們的人生就如同在演戲，

　　所見所聞都像是夢中所操弄的遊戲；

　　你若是要把它當真，

　　便會在疑惑中失去。

　　智者隨業而生，

　　他們能夠看清圓石的黑白，

　　並且選擇白淨的來作為

　　幸福、自由和喜樂的基石。

　　儘管這位父親在稍早曾經說過這個小孩是一切善行的典範，但是母親還是對這個論點半信半疑，在孩子尚小時，有好幾次還是會懲戒他。舉例來說，在本書第三部分

中的頭一首詩，就是在受到懲戒之後所作，當時他才六
歲。

　　羊巴曲傑的《傳記》引述了一些與此相同性質的事
件。這顯示達賴喇嘛二世還是有點頑皮，而他母親就肩
負起教養的責任。每一次遇到這樣的狀況，這男孩都會
創作歌謠來表現其憤慨之情，作為對母親的回應。在他
兩歲的時候曾經發生一次這樣的事件，在他被責罵（或
是被打了巴掌，原文沒有說明）之後，他跑到母親面前
唱：

　　母親，不要指責我，而應該是要對著我禱告，
　　許多人到如今都還將祈禱文傳送給我。
　　對我的責罰會招致惡業，
　　對著我來祈禱將會播下解脫之種。

　　另外一次的懲戒之後，他唱道：
　　喔！母親！您要留意對待我的方式，
　　因為孩兒陪伴在您身邊已無多日。
　　很快的，我會回到札什倫布寺——我的寺院。
　　那裡有間法喜充滿的屋子正期盼著我，
　　而我將盡情享受喜樂。

　　這些詩文的第二首，也是在他兩歲的時候所吟唱，
又是另一個有關他是由達賴喇嘛一世轉世的指涉。它經

瘋狂達賴

常為西藏的歷史文獻所引用，以說明這個小孩清楚地記住
了當他身為嘉華根敦珠巴時的前世生活。

如同神聖的達賴喇嘛在序言所提及的，許多二世童
年的歌謠和詩文都具有預言的性質，道出了之後幾個世代
的達賴們會遭遇的事件。其中有一個預言被收錄在現今所
流傳的一本神祕歌謠入門中。那是他第一次起因於行為受
到父母責罰而提出忠告，然後便述說起有關達賴喇嘛化身
轉世的預言。

眾生正被業障所侵擾，

既蔑視又虐待已證悟之人。

他們將墮入輪迴的低階。

我的父母似乎出於善意而責罵我，

但那只會帶來他們的口業，

他們最好將我視為君王所戴的珠寶，

因為他們的心願將可如老天下雨般一一實現。

有個天賦聖靈，宛若根敦珠巴的小孩，

就像擁抱有求必應的寶石一樣難能可貴。

他們應該對著我觀想金剛持（Vajradhara）佛陀。

雖然他（達賴喇嘛一世）已如江水而逝，

這個世界仍然瀰漫著佛法崇敬甘醇的香氣，

他畢竟還是沒有完成他的人生大計。

因此，他將有七次轉世，

為著世間眾生來回奔忙。

在與無瑕的法界結合之前，

幸運者將拜在其門下共同修煉，

且會在極樂淨土獲得重生。

羊巴曲傑的《傳記》引用了這一首歌謠，並且發表
些許有趣的評論。根據他的說法，「因此，他將有七次轉
世，為著世間眾生來回奔忙。」這個句子被早期噶當巴的
經典著作《父子佛法》所引用，預言將會有許多個達賴喇
嘛。讀者們應該還記得我在早先曾經提及過這本書中的一
個故事，關於仲敦巴喇嘛的前世，他也正是達賴喇嘛化身
的遠古前輩。

事實上，羊巴曲傑指出，前面七世的達賴喇嘛都於
《父子佛法》一書中有所預言。他引用了這本書中的一段
詩文，說明達賴喇嘛二世必將來到世間，並解釋為何這是
一項預言：

藉由許多神祕的管道，

他連續反覆地轉世再生，

只要教義不滅，

從古至今的工作便不會中斷。

他將從拉薩寺院走到熱振寺，

傳布如同美麗蓮花般的正法。

他將被視為仲敦巴的轉世，

疯狂達賴

闡述神祕瑜伽的內涵。

這段由羊巴曲傑所解讀的詩文透露出那不停轉世的正是仲敦巴的靈魂，他這麼做的意義在於必須透過轉世，而親眼目睹由阿底峽所傳播到西藏的噶當巴教義，可以在西藏精神修行的土地上落地生根。達賴喇嘛二世的工作乃是為了要傳接一世的志願，讓拉薩寺院那些由一世所開頭的工作不至於中斷。換言之，這個一世的遺志與成就將會繼續傳承下去。拉薩寺院指的是那些在拉薩的寺廟，而熱振寺指的則是拉薩附近的一所噶當巴寺院，達賴喇嘛二世將會把大半生奉獻在那裡，並且實現許多願景。而「蓮花」代表的則是一項有關達賴喇嘛二世的預言。他會在麥托唐（Metoktang）建立起曲科傑寺，拉姆納措湖上如蔭如花。接下來的所有轉世都會和這座寺院相關，並且拉姆納措湖於事前會顯露徵兆。

從《傳記》中可以清楚地看出這個小孩認為自己負有偉大的天命，至少他的傳記作家們是這麼想。整個童年，他時常陷於呆望與幻象，大多數是由於自然界的變化所引發。舉例來說，若遇到一個雷電交加的日子，他就會立刻出現奇怪的舉動。當他回過神來，便說道：「這雷電的聲音，如同我過去所聽過的宗喀巴喇嘛的聲音。每次聽到這個雷電的聲音，都會將我帶回前世身為根敦珠巴時的場景，我坐在宗喀巴的腳邊，聽著他如雷灌頂的開示。」

　　儘管這個小孩似乎完全知曉自己就是達賴喇嘛一世所轉世的處境，但是他還是和父親建立起堅固的師徒關係，他的父親當時已經是一個成功的喇嘛了。在四歲到十一歲的這段期間，他從父親那兒學習到許多教義與密續祕訣，也包括了所有家族傳統的支派。

　　而且，幾乎從這小孩學會走路開始，他就跟著父親到處走動、坐下來一起冥想以及觀看密續儀式的表演。當他父親在各種場合，對著一般大眾或私人學生傳布教義和啟發祕訣時，他也全程坐在一旁。

　　他正式地受教育是從閱讀和寫字開始，並且從一開始就研習了六世紀中葉的印度佛教上師寂天菩薩（Acharya Shantideva）所著述的《入菩薩行論》（Bodhisattva-charya-avatara）。（有趣的是，這本作品也是十四世達賴喇嘛的最愛，他曾經在小學裡頭公開講授書的內容以傳布密續祕訣，超過數十場次。）而他的父親則傳給他格魯巴的口述傳統，例如沉思冥想中的道次第和婁炯修心法等系統，以及他之前從達賴喇嘛一世那兒所修習的其他支派。

　　然而，他的父親主要還是一位密續上師。因此他從父親之處所學習到的，大多數都屬於密續性質。比較低階的密續祕訣由觀世音菩薩、救度母、無量壽佛（Amitayus）等等開始，配合著相關密咒和基本冥想技巧方法來達到對於密咒的吸收。他經常和父親從事短時間

瘋在達賴

101

瘋狂達賴

的閉關冥想。《傳記》告訴我們，在這些祕訣儀式中，這
位孩童已經經驗了無數次的神祕幻象。

之後，大約從六歲開始，他便開始學習高階的瑜伽
密續系統祕訣，尤其是赫魯嘎勝樂金剛總集的金剛亥母
（Vajravarahi）部份，以及「護法」（Dharmapala）的各種
加持方式，像是「大黑天護法」。他被期待著能夠記住和
這些密續三根本相關的儀軌（sadhanas），並且每日呼誦這
些佛號。特別是他的父親格外奉獻心力傳授予他希解派的
「施身法」（Chod），這是以白色金剛瑜伽母（Vajrayogini）
的壇城為基礎的法門。

「那洛巴六法」（The Six Yogas of Naropa）以及「尼古
瑪六法」（The Six Yogas of Niguma）也是同樣被刻意授與
的傳統教義和祕訣。雖然達賴喇嘛二世在四歲的時候就象
徵性的接受這些修行法的傳授，但是直到八歲時才開始真
正研習和修行。「尼古瑪六法」在這個家族世代流傳，是
家族和香巴噶舉學派關係密切的核心。這些瑜伽術顯然獲
得達賴喇嘛二世的深深青睞，在他之後的生活裡經常不斷
講授，並且寫了兩本注釋。

這位男童到了九歲的時候，從他父親那兒所接受的
其他支派法教包含「蘇卡悉地六法」（Six Yogas of
Sukhasiddhi）、達波（Dvakpo）及香巴噶舉的大手印傳
統，還有薩迦學派的道果（Lamdrey）教義。

從《自傳》一書中，可以很明顯地看出達賴喇嘛二

世對他的父親深愛而敬重。幾年之後,當他的父親過世了,他親自作了一首父親傳記式的長詩,表達出自己誠摯的情感。這位父親當然也十分賞識自己的兒子,為他取了一個神祕密續的名字「雪貝多傑」,或是「歡喜金剛」。這是達賴喇嘛二世在幾篇詩文中稱呼自己的方式。他會在名字前面加上「揚千」的字首,表示具有音樂、歌謠和詩文的靈性。

在我稍早從《自傳》所引用的那則他前往老祖母冥思居處的故事,從很多方面看來,都傳神地顯示了這對父子的關係。貢噶堅贊雖然是孩童的老師,但在許多方面,他對待這位孩童的方式更像是平輩一般。這對父子形影不離,父親到那兒都帶著他,不管是傳授教義或祕訣、為施主行密宗法事、或是拜訪正在小屋或洞穴進行冥想的學生,直到這個男孩去札什倫布寺。

就像是二世在《自傳》裡說的:

在我早期的訓練中,我的父親扮演著最主要的精神導師。而到了中期的訓練,這個角色則由哲蚌寺的法台嘉央勒巴群覺(Jamyang Lekpa Chojor)所擔任。而到了訓練完成之時,對我最重要的老師就是克珠洛桑嘉措(Khedrup Norzang Gyatso)。

瘋狂達賴

103

被認可為達賴喇嘛一世所轉世

如同之前所說的，達賴喇嘛二世的母親在懷孕之前，她和丈夫就經驗了許多預言般的夢境，指出他們將很快有一個小孩，那是根敦珠巴——達賴喇嘛一世的轉世。接著，在懷孕期間，他們做了更多的夢，似乎預言即將成真。

而且，從這個小孩牙牙學語開始，他就經常清楚地表明自己正是根敦珠巴所轉世。為此，他編製了歌謠來描述記憶、夢境和幻象，以此方式告知父母。

儘管如此，為了某些原因，他們在幾年之間並沒有做出任何動作。原因之一似乎是所謂的「祖古」或者說是「正式受到認可的轉世」，在宗喀巴喇嘛所革新的格魯巴學派裡爭議性很高。雖然藏傳佛教中有許多較為古老的支派數百年來維持著轉世傳統，宗喀巴似乎不太信這一套。他沒有說出反對的意見，但總歸來說似乎並不鼓勵這樣的傳統。舉例而言，包括他自己以及他的四大弟子——嘉策傑（Gyaltsepjey）、克珠傑（Khedrupjey）、喜饒僧格以及蔣揚邱傑札什帕丹（Jamyang Chojey Tashi Palden）等，都沒有採用轉世的制度。

因此，像達賴喇嘛一世這樣格魯派的著名喇嘛會被認為是仲敦巴喇嘛再轉世，並不值得大驚小怪。一世的情況與其他古老學派有著極大差異的地方，是在於後者只要

有一個人被正式認可為著名喇嘛的轉世，便真的可以繼承前輩（們）的房子和財產。換句話說，所謂歷代前輩「化身」的「拉布浪」（Labrang，意即上師府或委員會）或是財產，都將全部歸於被認可為由其所轉世的小孩，而不是寺院的公共財。

我覺得宗喀巴並不想要將「祖古」的傳統引入格魯派，因為就幾個方面來說，這個傳統牴觸了「毗尼」（vinaya），亦即牴觸了佛陀所親自設下的佛教戒律。根據毗尼的內涵，僧侶是不被鼓勵擁有私人的財富的。當他們一旦過世，其僧袍和所屬財物都將分給寺院僧眾才對。然而，轉世的喇嘛卻反其道而行，一代又一代地累積了龐大的財富。而當他在轉世世系中往生了，財富中又有大部分是絕對保留給那位被認可為由其轉世的小孩。

況且，祖古制度為西藏本土的傳統，而宗喀巴希望格魯派可以遵從印度佛教的核心宗旨，因此以那瀾陀寺（Nalanda）、超戒寺（Vikramashila）、歐丹陀菩利寺（Odantapuri）作為維持此立場的模範。他也矢志讓格魯巴成為阿底峽和仲敦巴喇嘛所創立的噶當巴學派中的典範，而噶當巴寺院中並沒有執行祖古的傳統，而格魯巴實質上也就是「新噶當巴」。

我的解讀是：達賴喇嘛一世知道宗喀巴不喜歡格魯學派中存在祖古制度，但他認為如此的堅持在整個西藏

的大環境中顯得不切實際。即使有些僧人已經是聖徒或是學者了，而某些祖古的行徑就像是惡棍，但一般西藏人都崇敬祖古勝過一般僧人。如果新成立的格魯學派要在同樣的立基上同其他派別來競爭，就必須要認同祖古制度，並且與這樣的制度合作妥協。因此，當達賴喇嘛一世往生之後，他決定轉世成為二世，並且宣布將這個傳承之位加以具體化。

如此一來，當達賴喇嘛二世三歲的時候，有關他的出生和人格特質等一切的不尋常徵兆，開始在附近傳播開來，以至於人們不得不去正視。就像是《傳記》提到的：

當這男孩出生後第四年（也就是他三歲的時候），四處傳聞著全知的根敦珠巴已經在達囊多傑丹出生。尤其是當根敦竹巴的弟子邱卓帕桑（Chojor Palzang）作了一個夢，夢境中他聽到：「這個世界最令人驚喜讚嘆的，莫過於根敦珠巴的重生，至高無上。一世化身通瓦敦登（Tongwa Donden）的轉世真是太神奇了！我們『親眼所見到，感覺非常有意義』！……」

邱卓帕桑忍不住他的個人好奇，前往多傑丹親眼見到了這個小孩。他對小孩印象深刻，並且詢問了小孩的父母一些問題……。

那天晚上，他聽見天空不斷迴盪著某種聲音：「快實現佛陀的願望吧！」他相信那是一個要他將遇到男童的所見所聞以及有關他出世的種種吉兆，報告給札什倫

布寺當局知道的信號。

　　因此，邱卓帕桑很快地從寺院組織了一個代表團，再度回到多傑丹。代表團成員包括許多達賴喇嘛一世的弟子。而這個小孩立刻輕易將他們指認了出來，呼叫著他們的名字，並且像老友重逢般地擁抱。他們要求他象徵性地像過去一樣講授佛法。《傳記》中寫道：「所有的成員們在聆聽了小孩整場的話語之後，都非常感動，整個房間不斷傳出啜泣聲【註4】。」

　　次年，他到了札什倫布寺去作了一次非正式的拜訪。他無須經由任何介紹，一下子認出了那些之前的弟子，一一叫喚他們的名字。他也想起寺院院區之中，他的「轉世前輩」最喜歡去的幾個地方，並且指著說：「在我的前世，經常到此來進行安靜的冥想。」以及：「就是在這個座位上，我總是這般那般地說法。」《傳記》指出：「在這樣的情況下，札什倫布寺的僧侶們都對他印象深刻，並且相信他的真實性。」

　　儘管如此，他並未在那時就回到札什倫布寺。長輩們認為他年紀還太小，建議在未來幾年，還是讓他繼續接受父親訓練。

　　到了出生後第八年，他再度造訪了寺院。而這一次，他依據傳統禮俗奉茶（編按：即「茫加」），並且接受了最初的僧職任命（編按：由於未事先安排執事人

員，二世此時並未剃度）。

關於這小孩的消息如星火燎原，傳遍了西藏的西南部。而多傑丹的瑜伽關房成了遊客如織的名勝，遠道而來只為祈求他的祝福。朝聖者中最有名的算是羅桑拉丹（Lobzang Rabten）——西藏西部古給（Gugey）的國王。他一直是達賴喇嘛一世的弟子，也是虔誠的支持者，並且在建蓋札什倫布寺時，出了不少必要的捐助。當他抵達了孩童跟前，彼此立刻相認。國王淚流滿面，獻上了以下這一首歌給孩童：

在充滿佛法的蓮花世界，
春天的滿月映照著亮光，
那是因為班欽根敦珠巴遊走在這片大地；
但接著他卻離開我們前往西方淨土。

而他似乎無法忍受瞧見
西藏的蓮花世界逐漸衰蔽，
因此一彎新月此刻與我們相依相隨，
照射著慈悲與智慧的光輝。

達賴喇嘛二世也回應了一首歌，只可惜並未留下記錄。然後，他象徵性地為國王說法，而他的父親則授與他大黑天護法的密續加持方法。《傳記》另外又說：「而當他們在外面進行供奉『護法神』儀式的時候，他們竟同時

飛躍天空，然後消失無蹤。這些都和其他的吉兆相繼出現。」

從那一年開始，札什倫布寺的決策當局就希望他能夠回到寺院去定居。他同意在翌年回去。因此，到了「火馬年」（1487年）的春天，他在許多得道的喇嘛和幾個寺院住持的護送之下抵達札什倫布寺，舉行了「全知者根敦珠巴」的轉世接任儀式。

神聖的達賴喇嘛十四世簡單扼要地歸納這個情況：

「達賴喇嘛祖古」或者是「官方認可的達賴喇嘛轉世」似乎與二世的生活和相關活動同步發展起來。例如說，從他的童年起，許多徵兆都顯示他千真萬確就是達賴喇嘛一世的轉世。當時並沒有對於達賴喇嘛一世「轉世」的正式研究，後來，那也成了之後世世代代的達賴喇嘛可以依循的範例。而且，那是由小男孩自己來表明達賴喇嘛一世轉世的身分，而因為那些徵兆具有很大的說服力，因此他也就被大家所接受。

在札什倫布寺的比丘生活

達賴喇嘛二世在札什倫布寺的生活從成為一位初學前的小僧開始（「近事戒」，藏文為genyen）。那是特別挑選的黃道吉日——藏曆六月的第四天，也是佛陀兩千年

瘋狂達賴

前第一次在印度說法的週年紀念。由札什倫布寺的住持班
欽隆日嘉措（Panchen Lungrig Gyatso）親自主持這個授與
僧職的大典。《自傳》這麼寫道：

在這種情形之下，我的長髮從額頭上開始被剃，而
我穿上了僧袍，那是佛法光輝的標記。

新的僧職給了他一個新名字——「根敦嘉措帕桑波」
（Gendun Gyatso Palzangpo），意思是「崇高榮耀的僧團海
洋」，或者是「精神志業之崇高榮耀的海洋（將瀰漫了整
條道路）」。他一生都維持著這個名字；之後幾年，也是用
這個名字在大部分其所創作的著作上簽名。

數個月過後，他的身分晉升為一般的初學僧（「沙彌
戒」，藏文為Getsul）。曾經是達賴喇嘛一世親密弟子的乃
寧寺（Nenring Monastery）住持（編按：應為乃甯巴貢噶
德勒仁欽堅贊貝桑布），被邀請到札什倫布寺來觀禮，並
擔任堪布。札什倫布寺的住持班欽隆日嘉措，以「阿闍梨」
（導師，acharya）的身分協同在一旁。烏澤桑楚瓦翁則桑
結楚臣（Umdzey Sangtsulwa）是典禮的報時師。最後這
個人的名字非常重要。讀者們應該記得他之前出現在預言
詩之中，當達賴喇嘛二世三歲的時候，曾經唱道：

我的名字是根敦珠巴，是僧團最大的希望。
聖救度母——佛陀的母親，目睹我的死亡。
札什倫布寺的僧人翁則桑結楚臣——根敦珠巴優秀

的弟子，

將很快來此帶我回家。

事實上，翁則桑結楚臣（Umdzey Sangtsulwa是
Umdzey Sanggeye Tsultrimpa的縮寫，翻譯為「遵從佛陀戒
律的司儀上師」。）曾經從家裡護送他到札什倫布寺，讓
他終於平安抵達寺院，因此實現了小孩的預言。而在這
裡，我們看到他也協助了這位年輕轉世者的僧職任命。
（Umdzey一詞其實是個單獨的稱號，意思是「吟唱讚美詩
的首席上師」或是「維那師」。在格魯巴的寺院裡，這個
職務的地位僅次於住持。）

這位年輕僧侶在札什倫布寺的生活，大部分都和研
習相關，包括課文的背記、辯論，並且參與寺廟大會吟
唱經文和祈禱。而這些活動之間還加入了短期的閉關冥
想，通常是進行一、兩個禮拜。

他所學習的課程似乎都和其他同學一樣，從佛教心
類學（佛教心理學，藏文為bLo-rig）和因類學（藏文為
rTags-rig）開始。之後他便開始接著研讀印度教的五本主
要論述：《現觀莊嚴論》（Abhisamaya-alamkara）、月稱大
師（Chandrakiriti）所寫的《入中論》（Madhayamaka-
avatara）、法稱大師（Acharya Dharmakirti）所寫的《釋量
論》（Pramanavartikka）。另外兩本印度佛教遺留下來的經
典，則補充了主要的格魯巴寺院所進行的課程內容，分

別是《俱舍論》（Abhidharmakosha）以及《毗奈耶論》
（Vinayashastra），這些都必須等到他長大了些才研讀。

　　當住在札什倫布寺的時候，他還是繼續密續功課。
他時常到納塘寺，並且花了很多時間和住持切磋。從與這
位上師的互動中，他接收了時輪金剛密續完全祕訣以及宗
喀巴所著作影響深遠的《密宗道次第廣論》（Ngakrim
Chenmo）。他同時也接受了喜金剛密續的祕訣、當時的相
關註釋，以及各階段瑜伽。除此之外，納塘寺的住持還授
與他所收集的達賴喇嘛一世文稿之完全口傳方法。而二世
有時候也會去拜訪乃寧寺的住持，一樣從他那兒學習到許
多傳布法和精神層次的教義。

　　在他十三歲的那一年，有個使者前來通知他母親已
經病危的消息。他馬上飛奔回多傑丹去陪伴她，其之後所
展露的，正是這個家庭在之前所教養成的人格特性。

　　「你不用再嘗試為我做什麼了。」她慈祥地告訴他：
「沒有用的，我已經做了好多次重複的夢，夢到了時輪金
剛的身體、言語、心靈俱足的壇城。這些壇城由外而內漸
漸消融成一個核心，然後進入我的身體，意思是我將在十
五天之後死去。」羊巴曲傑在《傳記》下了評論：「實際
上，她在十三天之後往生，當時出現了許多吉祥的徵兆，
表示她的精神修行成就已經達到一個高尚的階段。」

　　她的家人遵照天葬傳統把她的遺體切成幾塊餵食鳥
類，作為她最終的布施。當連頭蓋骨的肉也被清光的時

候，他們注意到了它亮出了純粹的珍珠般顏色，裡面清晰可見一尊赫魯嘎勝樂金剛。達賴喇嘛二世將頭蓋骨留在身邊，以時時提醒著生命短暫以及偉大的瑜伽女曾經是自己的母親。幾年之後，當他在麥托唐建造曲科傑寺時，以便將這個頭蓋骨安放在那裡供人瞻仰，作為後人在精神修行上激發靈感的來源【註5】。

在達賴喇嘛二世進札什倫布寺不久之後，住持班欽隆日嘉措就退休，獨自閉關修練冥想。繼位者是班欽意希孜摩（Panchen Yeshey Tsemo）。達賴喇嘛二世對他非常推崇，並且從他之處接收了不少教義和修行祕訣。班欽意希孜摩也是達賴喇嘛一世的學生，對這位年輕的轉世者抱持尊敬的態度。特別是班欽意希孜摩傳授給他阿底峽以來對所有基礎典籍的口述傳布方法、達賴喇嘛一世及其弟子修行的主要支派、由宗喀巴及其弟子所傳布的對於喜金剛和赫魯嘎勝樂金剛的註釋，以及其他的派別。

他也從班欽意希孜摩那兒學習了許多文殊師利菩薩的修行祕訣，並且閉關完成密咒的唸誦。《傳記》寫道：「在閉關期間，他見到了許多幻象，輪迴的記憶也因此被激發，清楚地看到了數百個前世的景象。……他的記性大大增強，在此之後，他在一盞茶的時間內就可以記住典籍中數百行的內容。」羊巴曲傑的說明暗示了這位年輕的比丘在閉關期間所展現的洞察力，可以算是

已經達到頓悟的初步經驗。

　　之後的主題，是《傳記》的第七章。達賴喇嘛二世在「水豬年」（1503年）已經是廿八歲了。他的導師蔣揚列巴邱卓和其他的一些地位崇高的喇嘛要求他為《文殊讚》（Manjushri-nama-samgiti）作注釋，同時也可以將密集金剛和時輪金剛的密續系統中心思想帶進來，這兩者都是非常成熟的瑜伽密續系統。這份注釋據說必須透露出這兩個最精妙系統的差異之處，包括他們的核心論點、其所使用的不同專門詞彙，尤其是最基本的密續用詞，像是「樂空無別」，以及「不變的大樂」。而藉由《文殊讚》大致上的注釋工作，即可完成這個不朽的事業。

　　羊巴曲傑在書中不禁要問：「這是一件需要具備高度洞察力和特殊理解力的工作，如何能夠期待這麼年輕的比丘來達成這樣的要求？」他後來自我解答：

　　他在十六歲的時候，曾經閉關進行以文殊師利菩薩——智慧佛陀——為主要對象的冥想。某一天早晨，他的輪迴記憶彷彿被開啟了一般，突然間記起了之前累世經歷的所見所聞。

　　從那時候開始，他就能夠在只聽過一次的情形下，理解了那些高深精闢的教義。

　　如果說他的智慧因而被開啟，並且達成頓悟的話，那麼接下來所發生的，不過只是照著前世的劇本搬演著舊

戲碼。

之後，他做了一個夢，夢中的強烈景象對他造成了的深遠影響。有一位年輕的裸女拿著一把智慧之劍、一本經文和一面鏡子，來到他的夢境。她請他看鏡子一眼，他便如此照做了，於是整個人就掉到了鏡子的重重幻影中，並且接收了和此生任務有關的數百條預言。當他醒來之後，就寫下許多神祕歌謠和讚美詩，並且從那時候起，幾乎每天都會執筆寫作詩文、讚美詩和祈禱文。

離開札什倫布寺

到了「水鼠年」（1492年），附近那些達賴喇嘛一世曾經頻繁授課的寺院和關房也開始不斷邀請他前去講課。他覺得也該是藉由授課來服務這個僧院社群的時候了。

他首先造訪的是乃寧寺，整個年楚河（Nyang）地區上上下下數千人都擠在那兒等著聆聽他授課說法。住持乃寧陽波寧波（Nenying Yangpal Nyingpo）和聖徒學者傑蒙藍帕（Jey Monlampal）都參加了這一場盛會，聽他講授教義和祕訣。稍後，他們還精心為他舉辦了祈福延壽大典。在典禮中，甚至於地位最崇高的僧侶，也都一起

瘋狂達賴

對著他五體投地行跪拜大禮，高唱讚美詩。

之後，他受邀前往白居寺（Palkhor Dechen Monastery），為寺院社群授課。接著，又到仲孜寺（Drong Tsey）。在那裡，他授與了古魯仁波切一些修行祕訣，以及「尼古瑪六法」相關論述。他又再一次地獲得大家的敬重。接下來幾個禮拜，他到處奔波，授課傳布修行祕訣。

當他回到札什倫布寺時，卻遭遇了一個人事傾軋的大風暴，情況惡劣到致使他被驅逐出札什倫布寺。羊巴曲傑在《傳記》中分析了外部原因和內部原因，以及內幕祕密，來解釋事件的發生。

外部原因其實相當單純，主要就是擁護住持的集團成員們嫉妒達賴喇嘛二世日漸升高的聲望。他們害怕這位年輕的轉世者很快會取代了住持的地位，成為札什倫布寺的領袖。如此一來，他們都可能會被降職，相關特權也會被剝奪。

外部的原因是乃寧寺就坐落在嘉波惡靈（gyalpo，乃甯鬼王）所居之地，而年輕的達賴喇嘛二世卻不知怎地去招惹他生氣，也為自己帶來厄運。最終就導致被驅逐的下場。

而內幕一說則是認為該事件從頭到尾都是住持班欽意希孜摩所故意導演的一齣戲，為的是讓達賴喇嘛二世脫離札什倫布寺的舒適生活，以幫助他實現天命。

羊巴曲傑依序在《傳記》做了相關闡述，關於第一種說法，他寫道：

當時，達賴喇嘛正在講道的旅途中，這位年輕菩薩所成就的效益，讓札什倫布寺住持班欽意希孜摩身邊的幾個僧侶格外眼紅。他們像是被妒嫉和妄想衝昏頭一般，開始不斷地在住持身邊對這位年輕上師進行不實指控，搬弄是非。目的是藉此方法讓年老的住持漸漸地不喜歡他。

而第二種說法是達賴喇嘛二世招惹了乃寧寺的嘉波惡靈。羊巴曲傑指出，達賴喇嘛一世過去和他的老師喜饒僧格（Jey Sengey）到乃寧寺拜訪時，也曾經遭遇同樣的問題，之後他就生了一場嚴重到幾乎死掉的病。只有安排密續儀式才能破解嘉波惡靈的詛咒。如今，嘉波惡靈持續以他的惡勢力，侵擾達賴喇嘛一世的轉世。

達賴喇嘛二世在其所寫的《自傳》中坦言他曾經做了一個夢，夢中他就是碰到這個事件，並且坦言，從某些角度來說，這一切都是自作自受。他寫道：

之前我到乃寧寺授課的時候，曾經歷經了一個夢中幻象。有個神祕的女孩在夢中出現，並且說：「在一個衰敗的年代，惡靈嘉波正好趁虛而入來製造種種障礙。這時候，你就要依賴馬頭觀音（Hayagriva）的密續修行法。」當時，我就知道自己應該趕快閉關冥想，並且配

合誦唸馬頭觀音的密咒，但是很遺憾地，我一直都抽不出空來，……。

事實上，班欽意希孜摩在早先也親自給了我這樣的忠告。

而第三種說明就像是羊巴曲傑以下所寫的：

我們可以看到住持身邊的一群行政人員之中，先前因為嫉妒之心而造成的幾個事件，或許這就像是受到嘉波惡靈詛咒所造成。但真實的情況並非如此。

事實上，這些事件都是祕密進行中戲碼的一部分。實情是因為這位年輕的轉世者承受了天命，必須要透過西藏中部與東部的百姓方能實踐，因而若是留在札什倫布寺根本無法達成。

也許班欽意希孜摩了解到這一點，因此就對我們這位上師疾言厲色，為的是要讓他出去闖盪，好實現他的天命。

我的老師傑尊丘吉嘉琛（Jetsun Chokyi Gyaltsen）已經清楚地告知我這件事。他說，在這些事件發生之前的幾個月，班欽正在乃寧寺住了一陣子；當時他把部分年長的僧侶找來，囑咐說：「我已經做了夢，確認這男孩就是『傑湯界欽巴』——全知者根敦竹巴來轉世。很快的，他必須前往西藏中部，方能完成天命賦予他的重責大任。」

因此，很清楚地，這些年高德劭的老師們是為了眾生，而以神祕的方式來促成，這並非傳統思維所能理解的。

事實上，許多明察秋毫的人都說班欽意希孜摩絕非一般普通喇嘛，而是有名的瑜伽士庫頓淺波（Khuton Chenpo）來轉世 [註6]。

不管是什麼樣的動機，也不管相關人士真正的想法是什麼，年輕的達賴喇嘛回札什倫布寺之後，感受到一股詭異的氣氛。他企圖不去理會它，想要一如往常地持續研讀功課，但是卻很難辦到。寺院的行政僧侶盡其可能地妨礙他 [註7]。但是《自傳》卻透露這位上師卻非常感謝這整個情況中所隱藏的善意。班欽意希孜摩是他精神上的良師益友。身為弟子的他，必須要把老師的每一樣動作都當成是訓示教誨。

歷經了這些事件，我一直對班欽維持著一貫的想法。他在思想和行為上，不但是真實的世間佛陀，也是一位造詣深厚的瑜伽上師，因為我已經從他那兒學習到許多教義和祕訣了。我想到了過去的許多修行者和他們老師之間的互動，並且當作模範，像是密勒日巴與他那嚴厲的老師馬爾巴；以及仲敦巴喇嘛和偉大的阿底峽上師，這些在上師們所寫的傳記裡都有記載。

儘管如此，我的腦海中最終還是興起一個念頭——

2

瘋狂達賴

是該離開札什倫布寺一陣子的時候了。

　　寺院裡許多較為年長的僧侶都捲入了這樣的一個衝突之中。他們一方面同情年輕的轉世者，但另一方面，整個寺院的行政權力其實是落在住持身邊的僧侶手中。於是，他們舉行了一個會議，結論是建議這位年輕比丘離開一陣子比較適合。

　　正巧就在這些事件發生的時候，哲蚌寺著名的住持蔣揚列巴邱卓從拉薩捎來了一封信，懇請達賴喇嘛二世前往西藏中部。事實上，這封信的內容和他自己的想法不謀而合，他心中早就興起要前往西藏中部優秀的佛教大學以完成學業的心願。他在《自傳》這麼寫：「之前，乃寧寺的偉大上師傑蒙藍帕曾經邀請我和他一同前往拉薩遊歷，但是札什倫布寺的長輩們不同意我和他一起去。如今，他們卻要我去，真是令人百思不得其解。」

　　然而，他不想在這樣的險惡情境下離開，還是撐過了秋天和冬天，希望和住持左右之間的緊張可以緩和下來。當新的一年才到來，眼看著又要過去，整個情況並沒有得到改善。於是，二世在「木虎年」（1494年）主動找了住持，並且向他拜別。（編按：班欽意希孜摩似乎沒有當面接受達賴喇嘛二世的敬禮告別）

　　羊巴曲傑在《傳記》中，以幾首感人肺腑的歌謠來作為這一章的收尾。這些歌謠包括達賴喇嘛二世的學生和

仰慕者所唱的,以及他自己所回應的。其中最感動人的要算是索彭卓瑪(Solpon Dolma)所吟唱的歌。這位年老的僧人是達賴喇嘛一世的弟子,而在二世約於十年之前進到了札什倫布寺之後,他就一直負責照料二世的生活與健康。以下這幾首詩文是達賴喇嘛二世要離開時的話別:

> 朋友們、弟子們,不要再流淚,
> 我所前去之處與你們相隔不遠。
> 到哲蚌寺去實現天命,
> 與偉大的蔣揚列巴邱卓一同研習。
> 那是彌勒佛自身靈魂的子嗣,
> 我與他有著一段從遠古而來的因果宿緣……
>
> 天下事分分合合,
> 因果相依,
> 那便是循環的過程,
> 大自然的定律……
>
> 要記得生命無常、變化瞬間,
> 就如同置身暴風雨之巔。
> 因此,要堅定自我的心性,
> 那是唯一永遠與你相隨的朋友,
> 要以自在的靈魂與內心的自律,

瘋狂達賴

作為供養它的寶珠。

記得要謹言慎行，
如影隨形般依循自己的心性。
如此便能避開厄運，
啟迪具有創造性的善心。
將目光都集中在那些永遠造福人群的事物上……

朋友們，這些就是我的臨別忠告，
依此奉行，如同我在一旁諄諄提醒，
我們後會有期！

在哲蚌寺的學生生活

因此，在「木虎年」（1494年）的第二個月，達賴喇嘛二世離開了札什倫布寺，前往西藏中部，蔣白札巴（Jampal Drakpa）要求當隨從一路同行；拉然巴達瑪（Rabjampa Darma）請求能夠擔任護衛和嚮導。三個人先一同前往浪布（Langbu）。因為浪布的首領南梭盧旺巴（Nangso Luwangpa），也就是達賴喇嘛二世最主要的贊助者。他提供了馬匹、騾隻和旅程中的其他必備物品。而這一行人也就很快出發前往拉薩。

　　他們到了拉薩的那個夜晚，哲蚌寺的蔣揚列巴邱卓喇嘛夢到從西方出現了一顆大火球，其所發出的亮光照亮他的房間，接著那亮光又如水流般在整個雪的故鄉蔓延開來，直到黑暗被完全驅逐。他說：「我那偉大的弟子很快就要到了。」不一會兒，達賴喇嘛二世抵達，與蔣揚列巴邱卓見了面，並請求他將自己收為學生。正如《傳記》所說的：「他之後就開始密集地研習傳統功課，好為往後的學習者樹立典範。」接下來的三年之間，他就系統性地複習之前在札什倫布寺的所學，並且在蔣揚列巴邱卓的指導下，完成了更高深的哲學訓練。

　　他和這位偉大的上師所讀的印度哲學經典包括：龍樹大師所寫的《根本慧論》（Mula-prajna-madhyamaka-karika-shastra）；月稱大師的《入中論》；法稱大師（Acharya Dharmakirti）的《釋量論》（Pramana-varttika）；世親大師（Acharya Vasubandhu）的《阿毘達磨藏顯宗論》（Abhidharmakosha）；德光（Gunaprabha）的《菩薩戒品廣疏》（Vinaya-shastra）；彌勒、無著的《大乘經莊嚴論》（Mahayana-sutra alamkara）；彌勒、無著的《寶性論》（Uttaratantra）以及《分別論》（Vibangha）。他精讀了這些作品的梵文和藏文兩者的注釋，更能夠理解其中的意涵。他同時也讀了一些西藏哲學經典，像是宗喀巴喇嘛所寫的《辯了不了義論》（Drang-nges-legs-bshad-snying-po）以及《密宗道次第廣論》（sNgags-rim-chen-mo）。

瘋狂達賴

他從蔣揚列巴邱卓那邊學到了兩套主流高級瑜伽密續系統——密集金剛和赫魯嘎勝樂金剛——的祕訣，以及所有印度和西藏方面對於這些傳統的哲學與瑜伽的注釋。除此之外，在這位優秀的上師帶領之下，他複習了時輪金剛密續系統，以及「那洛巴六法」的主要注釋。藉由此方法，他利用開始的三年，就完成了這個寺院一般僧侶必須花費二十年才能完成的功課。

到了「木兔年」（1495年），乃寧寺的住持被邀請到哲蚌寺去主持他的「比丘戒」（bikkshu）儀式。當時他已經二十五歲了，剛好達到這個層級對於年齡要求的下限。他在哲蚌寺的老師蔣揚列巴邱卓擔任執範師。這一天正是兩千年前印度為期十五天的佛陀神蹟週年紀念，之後第二個月的第八天。

因為是這樣的吉日吉時，他在接受了俱足的比丘戒之後，開始追隨蔣揚列巴邱卓研讀寂天上師所著的兩本修行經典：《入菩薩行論》（Bodhisattva-charya-avatara）以及《大乘菩薩集學論》（Shiksha-samuccha）。同時，他也接收了修行密續系統的祕訣和教義，像是淨化（呼吸）法（kryia）、行部（charya）和瑜伽等不同的類別。羊巴曲傑評論：「總而言之，無論蔣揚列巴邱卓信奉的支派為何，這些全都出乎意外地傳給了這位年輕弟子了，像是美酒一桶又一桶地接著灌。」

他的功課如今已經完成得差不多了。年輕的達賴喇

嘛內心想要到西藏中部的幾處主要聖地去朝聖，為的是在那裡體驗冥思的精妙。

行於大道之上的年輕喇嘛

在達賴喇嘛二世沉潛於哲蚌寺苦修的三年之間，他曾經拜訪過拉薩地區的幾個主要的廟宇和寺院，例如說西藏最古老、最神聖的廟宇——「大昭寺」（Jokang）。除此之外，他就都待在寺院裡，致力於自己的功課和冥想。

在「木兔年」（1445年），他和老師蔣揚列巴邱卓到熱振寺去朝聖，那是阿底峽和仲敦巴建造的聖殿。《傳記》說，在他抵達熱振寺的前一晚，寺院裡的八思巴貢噶堅贊喇嘛（Pakpa Kunga Gyaltsen）曾經經歷了一個夢境幻象，有一個女孩在夢裡對他說：「仲敦巴喇嘛將於明天親自前來【註8】。」這位喇嘛醒來之後採了兩朵花插在花瓶，然後祈禱：「如果來的人真的是仲敦巴轉世，那麼這瓶內的花在他朝聖期間將會大量增加，變得花團錦簇【註9】。」隔天，達賴喇嘛二世來了，他先向主殿頂禮膜拜，接著對寺院地區的僧眾和百姓們簡單說法。根據《傳記》所指出，正當他說法的時候，所有花瓶內的花都開了，並且不斷繁衍，在他停留於熱振寺的期間，這些

125

花就一直維持著盛開的樣態。

在此同時，有一位過去達賴喇嘛一世的親密弟子班欽丘克哈歐德薩瓦（Panchen Choklha Odzerwa），也在大樂聖山（Riwo Dechen）授課說法【註10】。他夢見一位穿著華麗的女孩出現面前，給了他一個純金的金剛杵，並且說：「將它放在旗子頂端，所有生靈的願望皆會實現。」他醒過來之後想：「這一定和坦切欽巴（達賴喇嘛一世）有關。」在此之後，又有一次他夢見穿著黑衣，長相如同老鷹一般的女人出現對他說：「很快的，我將把根敦珠巴帶來給你。」班欽丘克哈歐德薩瓦知道，該是服侍轉世老師的時候了。他派遣了一位侍者去哲蚌寺見蔣揚列巴邱卓，請求他同意為他的弟子（達賴喇嘛二世）安排一趟朝聖、冥想和講課的旅行。

蔣揚列巴邱卓非常地高興，立刻回覆說他對這趟旅行樂觀其成：

最近這一陣子（和達賴喇嘛二世）在熱振寺，我作了一個夢，夢境中出現了一位黑衣女子對著我說，我這位弟子的活動就像是她的手在天空的描繪……，她於是伸出手指，指著天空的四個方向，然後開始畫圖，直到畫滿所有空間。從那時刻起，我知道他將很快開始著手任務的進行，而眾生都會因此而大大受益。

因此，班欽丘克哈歐德薩瓦即刻請求瓊結

（Chonggyey）的國王秋吉多傑材天巴（Chogyal Dorjey Tsetenpa）保護達賴喇嘛二世，一路聲勢浩蕩的朝聖與說法之旅。國王同意了。而且實際上，終其一生，他都是達賴喇嘛二世最忠實的弟子與支持者。

《傳記》對於接下來二十年的達賴喇嘛二世生平的描述，很容易就被介紹十五世紀初期西藏人精神生活的教科書所使用。它同時也被用來當作西藏中部、南部和西南部重要聖地的地理指引。二世在那些地方來回遊走，為的是修行冥想，並且對越來越多的聽眾說法。更值得一提的是，當時這些地區具有名望的人也呼朋引伴前來，像是國王們、皇后們、部落酋長們、喇嘛們與瑜伽士們全都蜂擁而至，並且爭相邀請二世前去他們的地盤進行訪問與說法。每一座僧院、寺廟、修道關房都希望能夠因為二世的造訪而增添福氣與威望。

如同羊巴曲傑所說：

不僅僅是特殊教派的喇嘛們需要他的關照；所有的學派都毫無例外地邀請他前去授課，而他總是秉持公平地給予關照和重視。達波（Dvakpo）噶舉學派、香巴噶舉巴、薩迦巴、噶當巴、希解巴、覺囊巴以及格魯巴都同樣尊崇隆重地接待他。他的授課說法猶如傾倒甘醇的美酒般。的確，西藏中部、南部和西南部各地無不留下他的足跡，亦沒有百姓錯失聽到、見到或遇到他的機會，……。

他將眾生引領到通往更好的輪迴、求取精神解脫和徹底經驗頓悟的大道上。

他的精力似乎無限充沛。面對接踵而來的邀約,他都抱持著謙遜的態度和奉獻的精神接受,做到滿足各方的要求。第一次的朝聖和授課之旅是參訪位於拉薩的大昭寺,他在那兒舉辦了一個盛大的儀式和祈禱會,而聶烏宗縣(Neudzong)的昂旺南傑(Ngawang Namgyal)國王是最為主要的贊助者。接著,他又前往雅隆山谷,那是西藏文明的發源地之一。一路上,他若是見到寺院和修道關房便會停下來,包括桑阿卡寺(Sang Ngak Kar)和桑耶寺,都是西藏最早期的寺院。他的《自傳》說,在前往桑耶寺之前,他曾經夢到那座廟宇,而當他抵達之時,果然和夢境中的一模一樣。

他繼續前往下一站澤當寺(Tsetang Monastery),鼓舞了許多達賴喇嘛前世的弟子。接著,又到了仁沃德千寺,和班欽丘克哈歐德薩瓦第一次見面。《傳記》註解了班欽見到了老師的轉世有多麼感動,滔滔不絕地述說著達賴喇嘛二世帶給他的深刻印象:

這個上師盤腿而坐,右腳微微上拉,就像是達賴喇嘛一世授課的時候。他的袍子順著他的身軀掩住,如同流雲纏繞著水晶山。

他對著數百位聽眾說法,身體發出同眾星拱月般的

亮光。雖然他還很年輕，但是對於面對著聖賢者齊聚聆聽他講話卻無所畏懼。就像卑微的動物群中，一隻威壯的猛獅堅定昂首。他的形貌透露著力量與寧靜，如同須彌山（Mount Meru）聳立在宇宙的中心。他的輕柔笑容泛著微光，很快卸除眼前聽眾的心防，並且將他們的疑惑一掃而淨。

而他的聲音，是多麼美妙的天籟啊！強而有力、內涵充實，處處震顫著律動，聽起來絕對感到歡欣，而且對於所有在那個空間裡的聽眾而言，不管或遠或近，都同樣是字字清晰。他所使用的語言像是一種聖樂，致使聽眾身上的毛髮也會因為喜悅和激動而顫抖，……。

當天晚上，班欽作了一個夢，他夢見正法的勝利之旗穩穩地插在仁渥德千的山巔。

這位上師在新的一年來臨時前往瓊結（Chonggyey）的虎峰（Tiger's Peak）去朝聖，並且授與秋吉多傑國王及其家人許多祕訣，當然還有許多教義和祕訣給了普通百姓。同時，他也接受部落首領臧喀瓦（Zhangkharwa）的邀請，造訪千耶（Chenyey）和桑噶（Zhangkhar）授課。千耶的住持懇求他到澤當寺去授課。他在那裡盡情說法，並且為超過二十位僧侶來傳法。在此之後，瓊結的國王贊助他在札竹克【註11】的廟宇領導一個祈禱服務團。建造於西元二世紀的札竹克寺是西藏最古老的王宮。

瘋狂達賴

「火蛇年」（1497年）的時候，他在此見到宗喀巴喇嘛的幻象，並且為此經驗寫下歌謠（這首歌在選集中還可以找到）。而且因為瓊結國王的慷慨贊助，這個一邊授課的朝聖之旅可以在該地區所有的聖地持續巡迴。

到了「土羊年」（1498年）的春天，他放下了朝聖團，而前往沃喀（Olkha）山的許多聖地。宗喀巴喇嘛曾經花了許多年在此進行冥想，而他希望能在這個獲得偉大上師保佑的地方來修行。除此之外，他聽過一些故事，是關於一位既神奇又古怪的瑜伽士克珠諾桑嘉措，而他就住在沃喀的歐底貢加（Odey Gungyal）一地的洞穴【註12】。這位偉大的瑜伽士曾經是達賴喇嘛一世的弟子，他花了超過十四年的時間，依據時輪金剛密續的瑜伽傳統，在沃喀進行獨自的冥想，照道理來說，已經達成完全的頓悟。達賴喇嘛二世決定去會晤他。

就在達賴喇嘛抵達的前一晚，年邁的瑜伽士作了一個夢，夢境中暗示老師的轉世即將要來。而當兩人終於相見，瑜伽士不但出了洞穴來接待，並且頂禮膜拜。年輕的達賴喇嘛雙手搭著瑜伽士的肩膀，請他不用行此大禮，並且說：「現在該輪到你來當我老師了！」接著，他便對著瑜伽士俯伏參拜，希望能夠成為其弟子。尤其是他請求年邁的瑜伽士能夠傳授時輪金剛的密續瑜伽術經驗。而年邁的瑜伽士同意了，他們兩人接下來這幾個月就結伴尋幽覽勝，並且一同於沃喀的聖地修行冥想。從這段時間開始，

瘋狂達賴

倆人便一直是情同父子。事實上，有一些史家認為，達賴喇嘛二世就是在這位偉大的上師帶領下，方才成就頓悟。

　　到了水豬年（1503年），達賴喇嘛二世心裡開始催促自己應該要趕快回出生地朝聖，並且多多陪伴父親邱傑貢噶堅贊。為此，他前往藏省，在他所到之處的寺院或廟宇授課說法。而在多傑丹的瑜伽關房見到父親，並且複習了小時候父親傳授給他的所有家族支派的密法。這兩個人於是在家族的廟宇修行冥想，而到了晚上就聊天對話直到深夜。他也傳授了許多教義和祕訣給附近的當地百姓。而就在此時，他也向札什倫布寺的住持行政室提出回去的請求，然而，他們卻認為時機尚未成熟。因此，當年夏天他仍然陪伴在父親身邊，而後很快回到西藏中部，閉關修行於熱振寺。

　　就在新的一年來臨之前，有個信差前來通報，他的父親已經病得相當嚴重。他飛奔回多傑丹，但當他這一次回到家，老瑜伽士已經往生了。羊巴曲傑的《傳記》鉅細靡遺地描述了他往生過程中所伴隨出現的各種徵兆，指出他已經達到了某種圓滿成就的高級境界。就在他心跳與呼吸停止之後，貢噶堅贊端坐著進入了「明光」（tukdam）的狀態達十五天，他的身軀看不出有任何死亡之後的腐化跡象。達賴喇嘛二世親自為他舉行火葬儀式，並且將骨灰放置在精細的黃金寶罈中，為了紀念父

瘋狂達賴

親,他以神祕歌謠的形式創作了父親的傳記(很遺憾地,它並未收錄在這本詩文集之中,我也無法確知哪裡可以找到副本)。而達賴喇嘛二世三歲時給他父親的預言終究是成真了,這位耆老正是在他七十二歲那年往生。

接下來的這十年,達賴喇嘛二世的冬天都是在拉薩度過的。而春天、夏天與秋天的時候,他就四方朝聖、在一些聖地進行冥想,或者於所到之處授課說法。他也開始著手為主要的書籍作注釋,並且作為他談話內容的主要來源,或是回應他人的提問。因此,作為一位上師和作者,他的名聲越來越響亮。他的聽眾一場達兩千或三千個比丘與比丘尼,或是上萬名普通老百姓,都算是稀鬆平常。越來越多寺院邀請他前去主持新的比丘或比丘尼的傳戒儀式,這些儀式當場受戒的僧尼通常是數百人。而這幾年之間,若是把他所教授的典籍和密續祕訣攤開,大概就是一部完完整整源於印度的藏傳佛法目錄。我們在之後的詩文譯本及我寫的前言,都可以看到對其旅途的說明。

實現了預言

在綿長的旅途中,達賴喇嘛二世不斷夢到一池神祕湖泊,以及他在湖泊旁邊所建造的寺院。據說過去很多偉大的上師都曾經預言過,他會在拉姆納措湖(Lhamoi

Latso）或是說「天女神湖」（因為它會反映許多幻象，因此我一般都稱它為「幻景湖」）附近建造曲科傑寺，並且讓湖水充滿神奇的能力。

羊巴曲傑寫的《傳記》以約六頁的篇幅來描述和這些行動相關的預言，主要是參照八世紀中葉蓮花生上師一本名為《域摩聖地誌》（Yolmai Neyik）的書；以及阿底峽在十一世紀中葉所寫的《噶當寶卷》（Kadam Lekbam）。

依據阿底峽的書，羊巴曲傑寫道：

佛母是這麼說的：

在北方的土地，承受了七位偉大國王所加持的，

是那片宛如壇城般的高原，青如琉璃，

裝飾著數千顆珍珠堆砌的城牆，

那是由數千佛陀保佑的極樂之地。

聳立著山形般

完美無瑕的松綠色佛塔，

千萬尊佛母悠遊其中，

那是引領向專注如一的冥想之地…

一身榮耀的佛陀將落腳於此

以一切神祕的行動為世人祈福，

源遠長久。

十方佛陀齊力護佑，

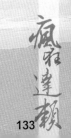

瘋狂達賴

那如琉璃石般的閃耀的高原
雄偉的群山環繞著一圈⋯
許多神祕的徵兆在此出現
閃閃發光的花朵映射出美麗的光輝。
從十三這個神祕的數字開始;
即使到了現在,阿彌陀佛也住在那邊。

　　詩偈中不斷出現的gyalwa是佛陀的字首,gyalpo則是
國王的字首。gyalwa是表示「勝利者」的意思,據說是指
傑區(Gyal)這個地方,而我們所提及的湖泊就坐落於
此。而其中所謂的花朵(metok),指的是麥托唐
(Metoktang),那就是在湖泊附近,達賴喇嘛二世所蓋的
關房——麥托唐的曲科傑寺。
　　羊巴曲傑接著又引用蓮花生上師的《域摩聖地誌》
寫道:

在域摩之地的東邊
有一塊像寶玉般的地方。
那是充滿美好品德的神祕之處⋯⋯
松贊干布國王和侍從前往那兒
建蓋了一間小關房⋯⋯
如果從裡面望向西邊,
將可瞧見一片小高原
看了的確令人心曠神怡

其間佈滿了草地、森林和湖水……

如果往東南方望去,

便可看到草地、高原和村莊,

那塊地方供奉給了大黑天金剛。

當往東北方望去……

(依此類推,直到……)

我在那裡埋藏了一百零八顆的珠寶。

　　蓮花生上師如此描述了達賴喇嘛二世要建造曲科傑寺的地方,在文本的其他地方,他則說此人(達賴喇嘛二世)將會加持這個地方:

當最後終於打開了通往聖地的大門

觀世音菩薩的化身將會出現,

他是帶著金剛薩埵所賦予祝福的年輕人,

能夠看見、聽見或記得要宣揚正法。

　　在同一個文本的另一個地方,蓮花生上師描述該處的環境,如下:

讚哪!這個地方所鼓舞的喜悅

比其他地方都還歡騰。

那是金剛薩埵的所居之處,

由觀世音菩薩保佑著。

勇父與佛母聚集於此,

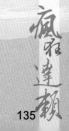

瘋狂達賴

不費吹灰之力進入了禪定，

那些在此修行冥想的佛弟子將超越了人世的憂傷。

　　因此，達賴喇嘛二世及其要在麥托唐建造曲科傑寺的事，在很久之前即被預言。

　　而預言實現的時間約是在「木鼠年」（1504年），南索拉加瑞宗帕（Nangso Lhagyari Dzongpa）國王【註13】邀請達賴喇嘛二世前去厄卻克（Ehchok）去授課，而之後他便從那兒前往達波寺（Dvakpo）。這座寺院已經成了他每年必來巡迴講課的地點，因為稍早這間寺院曾經撥給他一個部門來訓練並提供住宿給來自沃喀（Olkha）的學生。這個部門稱為「達波千怡札倉」（Tsennyi Dratsang）或是「達波哲學學會」，像極了在達波寺內的小次分院一般，其功能和規模都不僅僅是一個部門而已。達賴喇嘛二世終其一生都持續地關照它、指導它。

　　當時，有一些部落的首領開始要求他在傑區的麥托唐（Gyal Metoktang）傑區建造冥想關房，並作為他夏天停留傑區時的住所，為他帶來了不少壓力。達賴喇嘛二世在《自傳》寫道：

　　那時候，很多人來找我，極力要求我在傑區的麥托唐建造一座寺院。我因為已經有既定的旅行行程了，根本沒有時間來處理這件事。但是這的確是個好預兆（對於不久之後的建寺工程而言）……儘管如此，我還是在

傑區舉行了齋戒儀式，以確認我和這個地方因緣匪淺。

曲科傑寺實際的創立工作於「木蛇年」（1509年）開始。首先，他規劃了一些用於居住房舍，然後慢慢地增加寺院的基礎建築。就如同達賴喇嘛二世在《自傳》中指出，他在寺院建造過程中所扮演的角色完全是被動的。整個工程計畫似乎是水到渠成，幾乎是它本身自動完成。他這麼寫：

這座寺院似乎是它自己蓋起來了。那些像是石塊、木頭和泥土，相當神奇地一同出現。……好像是我們一剛開始那幾天蓋建了一點點，在我們晚上入睡之後，那些善良的精靈很快地跳出來，幫大家做了一整夜的苦工。……這些陸續出現的吉兆也叫人大感驚訝。每天都有花瓣從天空中飄落，彩虹就從我們所抬頭的上方劃過。每天晚上我們都因為頻頻做了一些充滿吉兆的夢而睡不安穩，……整個夏天幾乎就是這麼度過。

建造工程持續穿越了「鐵馬年」（1510年）和「鐵羊年」（1511年）的兩個夏天，因為寺院的海拔高度相當高（大約是海拔一萬五千英尺以上），只有在夏季的時候，建築工程方能進行。拉加瑞巴（Lhagyaripa）國王供給了七十名工人，而且有數百位地方上的弟子願意前來幫忙，其中有一些是來自附近的達波寺。達賴喇嘛二世會

瘋狂達賴

瘋狂達賴

趁著工程進行當中的空檔說法和給予修行祕訣。就這樣，
建寺計畫按部就班地進行，直到完成。

　　傳統寺院建築的規模和其所用的柱子數量息息相
關，柱子和柱子之間的距離大約是六英尺。因此，根據
《傳記》所描述寺院主要集會大殿的規模，其所使用的柱
子數量大約是七十根。加上偏房和入口，柱子的數量將近
八十八根。這還不包含環繞大殿四周的僧侶寢室、院區的
廚房，以及小型集會和儀式場地。

　　然而，這座寺院最主要還是被當作是修行關房。除
了僧侶的居所之外，許多作為修行冥想之用的小屋舍就蓋
在山上。達賴喇嘛二世的想法是同時間閉關的僧侶能夠一
直維持在七十位，而留在曲科傑寺的人就研讀功課、舉辦
寺廟儀式，以及推動寺院每天例行性的工作。

　　創作塑像以及為主殿與偏房彩漆的工作直到兩個夏
天過後才開始進行。羊巴曲傑的《傳記》詳細說明了和這
項工作相關的藝術家。大部分的時間，達賴喇嘛二世都會
每天親自前來監督各種形像是如何被呈現，其中有一些還
是由純金所打造。他自己其實也是個才華洋溢的畫家，曲
科傑寺內所呈現的美好藝術作品，絕對都必須仰仗他獨到
的眼光。

　　在「鐵羊年」（1511年）的夏季期間，三百位得道喇
嘛齊聚傑區，參加達賴喇嘛二世所主持一連十天的守望祈
福大會。在此之後，他很快地就夢到了拉姆納措湖，並且

瘋狂達賴

被告知那湖水神祕的潛力便是幻象經驗的來源。在他的夢境之中,出現了一位婦人,告訴他說:

在逆境的時候,苦難的波浪

與許多干擾將會橫阻在求取正法的道路上。

湖水所激起的幻象將會提供指引來解危,

因為它擁有能力可以顯現預言的景象。

除此之外,蓮花生上師與阿底峽也曾經在之前我所引用的文本之中,預言過拉姆納措湖湖水特殊的涵養與力量。羊巴曲傑把相關的預言都節錄在他寫的《傳記》。

接下來的幾個禮拜,達賴喇嘛二世不斷地夢見這座湖,以及自己必須開啟它所具有之神奇力量的責任。其中有些夢境和守護的神祇吉祥天母有關。她是憤怒相的密續神祇與「護法」,達賴喇嘛一世經常開導她,直到二世出世,自幼便是受到她的保護。他如今明白了,這湖水正是那強大的精神力量主要的棲地之一。

羊巴曲傑的《傳記》指出了這湖水兼具兩種內涵:一是湖水本身,二則是某種開啟神力的關鍵。後者其實是一把由建造曲科傑寺時挖掘到的隕石鐵質所打造的寶劍。隕石內含的鐵質,西藏人稱為「南嘉」(namchak,天鐵),對中亞地區的人民而言是一種聖物。在前述的夏天裡竟發現了這種東西,果然帶來了一陣歡騰。

這個令人振奮的寶劍故事也記錄在達賴喇嘛二世的

疯狂達賴

139

《自傳》：有個全身烏黑的術士想來偷寶劍，大家費盡心力要把它奪回來。這段驚險故事的結果就是達賴喇嘛二世拿了一把寶劍的原複製品在湖畔舉行儀式，同行前往的還有十位瑜伽助手。他們在那兒舉行了盛大的祈福法會，以及湖水的加持儀式，然後將複製的寶劍投入湖裡。《傳記》說，那寶劍沉入湖底，突然間，好像有神力感應或配合似的，大家目睹了湖水的轉化。達賴喇嘛二世在《自傳》描述了這次的經驗：

當我們抵達了湖畔，天空傳來一陣震耳欲聾的喧囂聲，就像是要下起大冰雹。我和十位經驗老到的儀式法師打開了聖地的大門，要舉行一場儀式獻給守護的精靈，……。

然後我們到了湖畔，為吉祥天母獻上神聖的祈福儀式，然後將劍投入湖中。突然間，湖水的顏色在大家面前開始轉化，依序出現了彩虹的七彩色澤。許多形象一一出現，猶如壇城的輪廓一般。然後，它又變得清澈如洗恰似天空，從之中映射出數之不盡的形象，像是幾何圖形一樣，……出現了所有具有戲劇張力的場景。

最後，湖水發起氣泡並且沸騰，轉為牛奶的顏色。沒有任何一處看起來是單純清澈的湖水。在那整個過程中，我們所有人都即時親眼目睹。

從那時候起，成千成百的人為了能夠接收幻象而前來造訪這座湖，……。因為這些人的單純心靈和堅定信

仰，這座涵藏力量的神祕之湖也從不間斷地賜予幻象經
驗。

　　因此，達賴喇嘛二世實現了攸關他一生命定的兩個
重要預言：一是建造了曲科傑寺，二是開啟了拉姆納措
湖的神能。中亞人持續地仰仗拉姆納措湖的湖水，大部
分的人一生中至少要造訪它一次，以求從它所顯示的幻
象中一解生命的奧祕。特別是對那些經由轉世獲得重生
的喇嘛，尤其是對達賴喇嘛的轉世們來說，它也扮演了
重要的角色。在搜尋轉世喇嘛的過程中，拉姆納措湖的
徵兆與指示一直都被視為是最具說服力與權威性的。而
這項傳統就這樣持續到近代。舉例而言，當達賴喇嘛十
三世於1933年往生之後，一項尋找喇嘛轉世的工作就開始
進行。利晶熱振仁波切（Regent Radeng）前往湖畔，望
著湖水靜靜沉思，很快地就開始出現了許多形象和徵
兆，包括一棟房子及其週邊環境，以及各種不同的字
母。而這些對於之後指認出那位轉世小孩──也就是現
世的達賴喇嘛──非常有助益。

　　蓮花生上師在八世紀中葉其所著的《域摩聖地誌》
當中就預言了湖泊的力量。他是這麼寫的：

　　這個神聖的地方將會提供觀世音菩薩七個轉世的預
言。其第一個轉世（達賴喇嘛二世）將會讓這個偉大的
湖泊充滿神力，而這個湖泊又會依序讓其他一百零八個

次要湖泊也充滿神力。

　　拉姆納措湖可以導引幻象的力量成為達賴喇嘛二世帶給西藏人民最能源遠流長的禮物。在為拉姆納措湖加持之後，他寫了一首歌來讚美拉姆納措湖及其神力，其中有一段是這麼寫的：

　　　　對那些堅持主張密續格言的人而言，

　　　　「空」的幻象和事件

　　　　將會在最神奇的湖水間出現，

　　　　在那裡什麼都能夠被看見……

　　　　對那些一生只求頓悟的人而言，

　　　　那是修行的聖地；

　　　　四處洋溢著如「空」的氣氛，

　　　　人們承繼祖宗而來的天性也是如此明顯。

　　　　這神祕之湖於是將瑜伽士的心靈

　　　　指引向正法之中

　　　　終極層次與因襲層次的高尚結合。

平息札什倫布寺的紛擾

　　達賴喇嘛二世如今只有三十六歲，但是他已經成為了藏傳佛教最偉大的聖徒和學者之一。只不過，有一件事

情讓他的人生猶如烏雲罩頂。他必須處理札什倫布寺的相關問題。這座寺院曾經由達賴喇嘛一世所創建，並且兩代達賴喇嘛因而在此居住。達賴喇嘛二世於十歲至十九歲之間住在札什倫布寺，但是因為和住持班欽意希孜摩身邊的某些行政人員處得極不愉快，因此被迫離開。在這幾年，他曾經多次要求參見班欽，但是屢屢被拒絕。而如今情況即將改變。

在「鐵羊年」（1511年），也就是曲科傑寺的主建築完成之後，班欽來了一封信。這封信的內容提到：「似乎正如我那全知的老師根敦竹巴的確是重生了，……。」而該信件的結尾則是謙遜恭敬地署名「您卑微的弟子意希孜摩」。信的主旨正是要邀請達賴喇嘛二世返回札什倫布寺，並且取得他在寺中的合法地位。

達賴喇嘛二世在他的《自傳》中寫道：

之前不管求見班欽多少次都被拒絕了。而如今出現在我眼前的竟是他捎來的信，請求我回去擔任法台。

我覺得那是他以上師瑜伽（guruyaga）考驗我的自然結果，以這樣的方式來看出我是否經得住嚴格的考驗。

那是千真萬確的。即使是在最艱難的時刻，我仍然不忘記他是我最重要的老師之一；而他種種舉措的動機無不是在教導我、幫助我成長。我手中的這封信即可供證明。

一般說來，如果我們捫心自問，無論我們怎麼看這

瘋狂達賴

件事，依照傳統延續下來的態度來面對老師，所帶來的好處是相當清楚的。這整件事似乎完全證明了這段險惡的日子對我來說非常重要，老師的一言一行皆是教誨。

　　達賴喇嘛二世發現自己進退維谷了。對他而言，要離開曲科傑寺一時半刻沒那麼簡單，畢竟有那麼多人，投入那麼多精力和心血來打造曲科傑寺。更何況，還有很多計畫尚未完成。尤其是室內部分的聖像、彩繪都需要趕緊完成。還有許多其他的圖像還沒創造出來，當然也尚未進行裝置。

　　儘管如此，他此刻卻不能不去理睬來自札什倫布寺的邀請。就如同他在《自傳》中所說，「人們會認為我因為內心怨恨住持而拒絕了這個邀請，結果他們就會因為不再敬重僧伽團，而種下不必要的惡業。」他還是決定盡可能前往。他幾乎在一年之後——「水猴年」（1512年）的秋天離開，並且持續地在一路上的廟宇和寺院進行傳法以及授課【註14】。

　　而在札什倫布寺，也組織了一個極為體面的接待團來迎接他。班欽除了親自出來會見他之外，還行了跪拜之禮。達賴喇嘛二世趕緊阻止他這種行為。他在《自傳》中說：「我在不同的公開場合時常請他千萬別這麼做，畢竟他曾經是我的老師，而且我也喜歡一直當他是老師。因此，我反而會對他鞠躬，並且請求他的賜福。」儘管如

此，班欽空出了當年達賴喇嘛一世在札什倫布寺的居所，將它交接給了達賴喇嘛二世。

他在札什倫布寺度過整個秋天、冬天、春天，教授了許多印度佛教典籍，課程包括法稱大師所寫的《釋量論》（An Analysis of Valid Inquiry），世親大師的《阿毘達磨藏顯宗論》，月稱大師的《入中論》，彌勒、無著所寫的《現觀莊嚴論》，以及德光的《菩薩戒品廣疏》【註15】。除此之外，對已經修行上層密續祕訣的人，他則是授與密集金剛密續系統──《明炬》（The Clear Lamp），而面對一般民眾，他就教授《噶當寶卷》。

當時，札什倫布寺大約有五百名僧侶居此研習哲學性的功課；另有四百名則是為了進行冥想修行住在寺中，他們舉辦儀式、推動寺院社區每天例行的活動等等，因此整個寺院大概就住了近九百人。但是有一天晚上，二世的夢中出現一個女人來告訴他：「在班欽意希孜摩之後，你應該多多關照札什倫布。等你一旦這麼做，僧侶的數額將會在你的有生之年多出一千九百位，環伺於札什倫布寺的群山之間，將會出現許多小寺院、修道關房以及廟宇。」

在札什倫布定居下來之後，達賴喇嘛二世經常前往拜訪這個地區的其他聖地與廟宇，進行授課和分享祕訣。這些地方包括隆布切（Lhunpo Tsey）、善給切卓地（Sengey Tsey Chodey）、納塘寺、乃寧寺、夏魯寺

瘋在達賴

145

（Zhalu）、白居寺（Palkhor Dechen）、巴東厄（Bodong Eh）、辛波里（Sinpori）、塔那普（Tanakpu）以及里沃葛貝（Riwo Gepel）。

　　為了要清楚表示他對於班欽意希孜摩的敬重和佩服，他以紀年詩的形式創作了他的傳記。（很遺憾地，我並沒有取得原稿的影本。）他請求老班欽說法與傳授祕訣，那是他早先還是少年的時候企圖獲取的知識，但是當年他和班欽身邊的行政僧侶正處得不愉快。簡言之，達賴喇嘛似乎要從老師那兒重拾二十年前他在札什倫布中斷的功課，儘管事實上在學問的延續上並未發生間斷的情事。《傳記》注釋說，在他居住札什倫布期間，每天都要講六堂到七堂的課，一般而言，早上和下午的授課對象是僧侶，而晚上則是一般老百姓。

　　同時，我們回來看沃喀（Olkha）地區的人們，他們努力工作，投資大量的金錢和體力為二世建造曲科傑寺，即使他不在當地，人們還是絲毫沒有懈怠。在春天的尾聲，一封由四百位高級僧侶和支持者共同聯名簽署的信送抵札什倫布寺，請求他快點回到曲科傑寺，暗示否則所有的工作計畫將會嚴重延宕。因此，在「水鳥年」（1513年）的夏天，他啟程回曲科傑寺。

　　在接下來的幾年之中，他經常回到札什倫布寺，因此可以持續督導寺院的訓練計畫和發展狀況。事實上，那個有關因為他的努力，院區將會增加一千九百名僧侶，並

且會另外出現許多廟宇和修道關房的預言,很快地即將
實現。

喇嘛的冥想

　　達賴喇嘛《傳記》的第十章,花了很長的篇幅來描
述他在旅途中或教學計劃裡,每天都還是不忘投入冥想
修行;以及由他來主持,每月一次或一年一度的密續冥
想儀式,這些冥想的記錄非常豐富,因為實際上這些活
動就是他的生活本質。

　　這些修行活動大部分是依儀軌修習,或者依據崇尚
儀式的密續經典,這些都被稱為是冥想的基礎課程。這
些類型的冥想和特殊神祇的壇城所衍生的幻象具有關
聯,包括把自己想像成某一尊或某一些神祇,或者是冥
想神祇出現眼前的空間。同時也必須一邊誦唸密咒來配
合壇城神祇,在冥想過程中產生象徵性的意義。若以更
高的層次而言,這種形式的密續修行也就是將壇城及神
祇們吸收到自己的身體,然後使用密咒的力量來導引這
個身體的細微動作可以獲得掌控,為的是能夠將其感知
安置在修行者最原始的天性中,那即是最清明的意識。

　　《傳記》說明了從二世七歲或八歲開始,就每天讚頌
與冥想十三金剛亥母(Thirteen Vajravarahis)的壇城,或

瘋狂達賴

是女性的「赫魯嘎佛陀」（Heruka Buddhas），以及大黑天金剛和吉祥天母（幻景湖的女神）的護法法力召喚。他從父親之處習得了這些支派。《傳記》還說，到了十七歲的時候，他便離開了藏省前往西藏中部。從那時候起，他在每日修行中，都要複誦一千遍吉祥天母密咒。

　　一直到他離開哲蚌寺之前，他每日都藉由上層瑜伽密續系統中儀軌修行來冥想。這個系統包括密集金剛壇城、甘達帕達（Gandhapada）支派中的赫魯嘎勝樂金剛「身壇城」、時輪金剛壇城，以及閻王（Dharmaraja）和多聞天王（Vaishravana）的護法修行。他已經從他父親那兒接收了這些支派，但是並未將其大部分當作每日修行的功課，一直到後來才改弦更張。我們從以上的章節可以看到，他在後來的人生中，首先是從藏省，跟隨納塘寺和札什倫布寺的住持，接著跟隨哲蚌寺的蔣揚列巴邱卓，學習了有關這些修行更廣泛的傳佈方式。幾年之後，他從瑜伽士克珠洛桑嘉措身上再度習得更高深的時輪金剛修行法。

　　《傳記》指出，他每天的生活一般都是從白度母（Sitatara）密咒修行展開；接著依照傳統，向各種支派過去所傳佈的世系上師們祈福。然後，他便會一整天藉由以上那些以儀軌為主要基礎的冥想，依序修行。總而言之，他一天所需要的正式冥想時間超過五個小時。除此之外，還有每個月當中的某幾天必須要做的，尤其是特殊的護法修行以及儀式性的冥想，他把整天的精力全部投注到儀式

的進行。那些日子通常就是包括一個月當中的第八天、第十天、第十二天、第十五天、第十九天、第廿五天和第三十天【註16】。

　　而每一年當中的第四個月和第五個月也讓他格外重視。羊巴曲傑說：「在這兩個月期間，他把時間分割為冥想、教學、寫作、為新的比丘與比丘尼舉辦傳戒儀式，以及替支持者與一般百姓祈福等等。他的身體、言語和心靈，如同泅泳在永無止盡的佛法之河，甚至沒有一刻的休息。」

　　達賴喇嘛因為大小活動而獲得許多進獻之禮，他的態度就像羊巴曲傑在書中所寫的：

　　不管有什麼捐獻或財富送到他面前，他都從不將任何東西佔為己有。捐獻和禮物每天都像瀑布般湧進，他都是藉由一些特殊的目的來處理掉，像是建造或贊助廟宇和寺院，接濟獨自閉關的冥想者以及支派的耆老，還有就是送給窮人。我已經聽到了那些認識他的人，不斷地如此告訴我。

　　他曾經親口對我說，他私人的財物只有幾件僧袍、一個托缽和儀式中必須使用的金剛杵、金剛鈴和手鼓，每一件到他面前的東西都被認為是委託作為更好的使用，因此將東西贈與他，就等於是要以最適當的方式來運用。

瘋狂達賴

瘋狂達賴

成為哲蚌寺的新住持

　　從札什倫布寺回到傑區的路上，達賴喇嘛二世受邀
拜訪貢波地區（Khongpo），並且在那裡授課講學。除此
之外，包括札什瑞坦（Tashi Rabten）、羅卓旺波（Lodro
Wangpo）以及巴丹羅卓（Palden Lodro）等國王，都曾經
贊助過那座純金打造、超過一層樓高的彌勒佛的塑像。他
們央求二世一定要舉行貢獻儀式。他允其請求，在儀式之
中並且出現了許多吉兆。《傳記》寫道：「……天空響起
了許多奇怪的聲音。」他也在旅途中的甘丹寺、卡德謨
（Khar Demo）以及貢波寧瑪札克竹（Kongpo Nyima
Drakdrub）、年波（Nyangpo）、拉托（Rato）等地進行教
學。從他廿一歲完成哲蚌寺的課業，到他三十六歲完成曲
科傑寺的興建期間，達賴喇嘛二世通常只能空出一個月或
一、二年到哲蚌與拉薩地區，而耗費大部分的時間於兩地
之間奔波，在旅途中朝訪聖地、進行冥想，以及授課講
學。他的生活狀態很快地即將改變，遇到夏天時，他會留
駐在曲科傑寺，而冬天則在哲蚌寺度過；春天與秋天的時
候，他才進行朝聖和授課。

　　到了火牛年（1517年），他被邀請擔任哲蚌寺的住
持。哲蚌寺是西藏規模最大的寺院，他當時年少離開札什
倫布寺時，就是在哲蚌寺完成更高一層的哲學研究。他在
藏曆四月的半月之日就任，而那天也正是每年紀念佛陀誕

辰、頓悟和往生的日子。他同時也就是在這一年，完成了《尼古瑪六法》的注釋。

在當上西藏最大的一座寺院——哲蚌寺的住持之後，如今他和整個中亞發展出更密切的關聯了。哲蚌寺的整個院區不只是由拉薩一地的百姓所組成，同時也包括此地數百所小寺院那些前景看好的學生和學者。

重新舉行祈願大會

在達賴喇嘛二世的一生之中，他所主要皈依的格魯巴學派，一向受幾個較為古老的學派所壓制，尤其是噶瑪噶舉派。特別是宗喀巴喇嘛建立的「默朗祈願大法會」（Monlam Chenmo）曾經被他們壟斷，在拉薩地區禁止格魯巴學派的僧侶們參加。相反地，法會卻由夏瑪巴（Sharmapa）或桑普巴（Sangpupa）的喇嘛來主導【註17】。

由於當初法會是由格魯巴所創立，達賴喇嘛二世內心感到有責任必須將它的主導權拿回來。當他繼位為哲蚌寺的住持之後，就前去拜訪拉薩的貢瑪國王（Gongma），並且和他討論相關事宜。貢瑪在癥結點上讓步了，並且從次年開始，法會的主導權不再旁落他人。事實上，一直到今天，都未曾再度改變。

對於一般讀者而言，這似乎是一件小事。但對於西

藏人來說，這卻是一項了不起的成就。（或者就像他們所說的，這是達賴喇嘛一生中大大的「善行」。）

原因在於大法會被認為是特殊精神傳布的象徵。它積極展現了世界上關於頓悟的傳統，並且藉由法會可以創造累積福德的能量，據說那就是維繫世界和平和榮景最主要的因素。而它所關係到的不只是單單屬於西藏一地的和平和榮景，而是全球性的層次。當宗喀巴在1409年創造了這個法會，便被視為能夠將整個世界慢慢推向一個成就頓悟的紀元。事實上，創立於每年年初一開始兩到三個禮拜所舉辦的法會，據說已經被公認為他的四大善行之一。

關於這一方面，西藏人一直認為自己是人類社群的福德製造者，或是和平的守護者，很像是新墨西哥的霍皮族（Hopi）一樣。他們的精神儀式，雖然是傳統的陳設，祈求的卻是全世界的幸福。所以當法會的進行和內容因為派系鬥爭或政治因素而被竄改時，就會被視為非常嚴重的事。

我對於法會所引發衝突的真正歷史並不十分清楚。它實質上似乎是肇因於夏瑪巴祖古四世（Fourth Sharmapa Tulku，名為卻吉札巴Chokyi Drakpa）所設的計謀。他在西元1499到1523年間操縱派系的競爭，為的是要提升自身在西藏的社會階級地位。其陰謀不只影響到了格魯巴，同時也造成他自己的噶瑪噶舉學派分裂成兩個支派。一派歸屬他自己，而另一派則服膺於噶瑪巴祖古八世——噶瑪巴

米覺多杰（Karmapa Mikyu Dorjey）的領導之下。達賴喇嘛二世和格魯巴學派一般說來和後者的關係較為友好，因為主要的問題是出在夏瑪巴。

在達賴喇嘛二世的《自傳》中，對於大法會的論爭，做了以下的註解：

宗喀巴喇嘛在之前已經建立的大法會，初期一直是由哲蚌寺的喇嘛來主導。然後，拉薩的仁蚌王子（Rinpung）強行介入，並且將主導權從哲蚌寺拿走，19年來它斷斷續續地由噶瑪噶舉的喇嘛，以及桑普巴的喇嘛來主宰。如此的情況一直持續到了「公牛年」（1517年）。

在那一年的中期，我去找了貢瑪，請求他依循最原始的傳統，讓哲蚌寺來舉辦。貢瑪認為我的申覆合理，因此在「虎年」（1518年），就由哲蚌寺的二千五百名比丘以及色拉寺（Sera Monastery）的三百名比丘來主導。我們在拉薩的大昭寺擴大舉辦，為天下蒼生共同祈福，並且希望這世上的頓悟傳統能既穩健又能持續發揚光大。

正如同宗喀巴喇嘛過去所做的，我在祈願大會上都會唸誦一段《佛本生經》（Buddha Jatakas）。從那時（1518年）直到現在（寫作的時間是1528年），我每年都持續主持這個法會。

羊巴曲傑又多釋放了一些訊息，儘管他顯然使用了較不禮貌的語言來抨擊那些將法會從格魯巴奪走的人。

他寫道：

大法會是在「土牛年」（1409年）所建立，由貢瑪千波札巴堅贊國王（Gongma Chenpo Drakpa Gyaltsen）、（Neu Dzong）國王，以及南開桑波巴（Namkha Zangpopa）國王所贊助。它已經持續進行了九十一年……。

因而，吉雪地區（Kyisho）掌權的人卻中斷了法會的優良傳承，並且讓特定的喇嘛們獨佔了參加權。

突然間，十九年來，這個由宗喀巴所創建的求取頓悟能量的本源，卻在品質上步向衰微。如今比丘們舉行法會的方式不再純粹，發出的光芒微弱如午後斜陽。由於比丘們的認知錯誤，僧團呈現法會的方式破碎了福德能量積累的連貫性。現在它徒留法會的空名……。

然後，觀世音菩薩化身為比丘的形象出現，要來挽救這頹危的狀況。他找到了貢瑪並向他解釋一切不合理的情事。那個好人聽進去了，給了一個善意的回應。

羊巴曲傑指出，達賴喇嘛二世爭取大法會主辦權的這件事在很久之前就被預言了。他引用了蓮花生上師的《國王遺教》（rGyal-po-bka'-'bum）：

有個菩薩僧侶將誕生於南方，
至高無上的他將掌理許多密續的支派。
至高無上的他將理解所有事物的本質，
並且轉化自己的形象，然後祈福禱告。

那位僧侶正是聖人菩薩。

羊巴曲傑指出，在這首詩文中，「……轉化自己的形象」就是指大法會上，兩大最神聖的佛陀形象在各樣的活動上被聚焦，並且大家為他們獻上五頂指定的王冠。這象徵的是無形的「法身」轉化為「報身」，和傳統中靈魂頓悟的呈現和形象息息相關。換句話說，它呈現出把頓悟的能量轉化成可以在世間運作的立體具象。所謂的「……然後祈福禱告……」指的是達賴喇嘛二世所主導大法會進行。「有個菩薩僧侶將誕生於南方」就是一般清楚指示出的，達賴喇嘛二世身為觀世音菩薩的轉世，算是一位聖人菩薩。他的誕生地多傑丹就在西藏的西南部，而他從小便是一位僧人。

因此，從「土虎年」（1518年）開始，達賴喇嘛二世就是承辦大法會的領導喇嘛，他持續地努力扮演好這樣的角色，直到廿四年後往生為止。

貢瑪顯然對於達賴喇嘛二世及其在大法會上的表現印象深刻。那一年稍晚之時，他賜給了二世「甘丹頗章」（Ganden Podrang），作為他在哲蚌寺的居所【註18】。甘丹頗章從那時候起，就成為了達賴喇嘛二世在拉薩地區的主要居所。事實上，它也成為歷代幾世達賴喇嘛們所延續下來最主要的家，直到偉大的五世在1642年成為統一的西藏政教合一領袖，因而搬到布達拉宮為止。

疯狂達賴

如今達賴喇嘛二世四十二歲，身為哲蚌寺的住持，在拉薩地區必須扛起許多責任。漸漸地，他在冬天和春天都駐留在那兒，不僅僅是在哲蚌寺授課說法，也要到該地區其他的寺院和關房去授課說法。同樣地，在夏天和秋天兩季，他就留駐在曲科傑寺，由近而遠進行授課之旅。同時，他也時常回到札什倫布寺去看看其運作的狀況。他的弟子來自整個中亞，在接受二世所教導的支派要義後回到原來的家鄉。《傳記》說道：「因此，從西方的喀什米爾到東方的中國，西藏沒有一個地方是其教學所未可及之處。」

在《傳記》第十一章的結論中，羊巴曲傑另外簡短地描述了西藏的教派衝突：

在「火狗年」（1526年），當紅教和黃教激戰的時候，……十八座噶當巴寺院被強迫改信其他學派的傳統……。這位大師為了和平與和諧進行多次祈福，衝突終於結束。而噶當巴的旗幟又重新飄揚（亦即，取得它的合法權益）……。

他透過儀式的召喚，以及護法的密續誦唸（大部分是守護者閻王），成就了該結果，因此在藏省一帶流傳著「大成就者」的名聲。

豎立彌勒佛的雕像

　　在羊巴曲傑所著《傳記》的第十二章，主要都是在
處理達賴喇嘛二世建造曲科傑寺時所強調的一些形象。
這些包括數百尊雕像以及畫像，如同點綴於寺院間的眾
多祭壇。這個巨大的藝術工程在達賴喇嘛二世嚴密的監
造下，耗費十年方才完成。關於其內容的說明在許多西
藏得道喇嘛的傳記中都找得到，對那些藝術史家們來說
價值非凡。羊巴曲傑就舉了一些例子，提供了一些參與
此次計畫工作的主要藝術家姓名和背景，以及那些形象
是如何被創造，而又是如何透過媒介被使用。

　　我記得幾年前閱讀達賴喇嘛一世的傳記時，對於書
中描述他於1450年代所賦予札什倫布寺的藝術價值，簡直
歎為觀止。在閱讀羊巴曲傑描述二世於曲科傑寺的活動
內容時，同樣的閱讀驚奇又再度發生。很遺憾地，其所
說的內容大部分都超過了此書所要處理的範圍。那對一
般讀者來說，也的確是太過於專業。

　　然而，我在這裡還是要提一個特殊的形象：那就是
曲科傑寺中一個如同平常人一般大小的彌勒佛純金雕
像。眾多弟子於1519至1522年之間遊走了整個西藏，就只
為了這個雕塑計畫收集黃金。有幾個國王大方贊助捐獻；
而從東部的康區到西部古給（Gugey）一路上的信徒也捐
了一點。最後，總算是為了這項計畫，湊齊了超過三千

瘋狂達賴

藏銀（Zho）的黃金。達賴喇嘛一世大約於半世紀之前，在札什倫布寺建造了一尊彌勒佛的純金雕像。而目前達賴喇嘛二世所建造的這一尊，則是在「木猴年」（1524年）年完成，並且也完成進行了奉獻儀式。

羊巴曲傑指出，班欽意希孜摩曾經分別目睹達賴喇嘛一世與二世供奉的純金彌勒佛像之後說：「在達賴喇嘛一世的彌勒佛像奉獻儀式進行期間，天空時常出現彩虹，花朵從虛空之處飄下，大地也震動了好幾次。我想以後再也看不到這麼神奇的事了。沒想到，在曲科傑寺的黃金雕像接受奉獻儀式期間，其所出現的神奇景象有過之而無不及。」

正如《傳記》所指出，達賴喇嘛一世與二世所豎立的彌勒佛黃金雕像不只是寺廟的裝飾，而是另有其深遠的精神目的。這兩位達賴喇嘛都堅持雕像不能只接受單一人士的捐獻，而是必須要包含每一位信眾的小額捐助。因此這尊雕像才能在信眾之間鞏固精神信仰的骨幹，並且使信眾們宛若身處一個幸福的大家庭。除此之外，它也讓信眾們與彌勒佛，以及彌勒佛的兜率淨土能夠產生連結。西藏人把這些聖像視為引渡力量的管道，他們能夠轉化眾生的能量和業報。不光只是某一地區或某一民族如此，世上的眾生皆能創造這樣的福德。

羊巴曲傑眼見達賴喇嘛二世建造彌勒佛像，為這樣的特殊目的提供了一項證據。當時佛像正在進行奉獻儀

式，他曾經於那段期間作了一個夢，夢見這尊雕像吸引了彌勒佛的注意，使他投射了千百道光芒到世上，而每一道光芒都像是一條繩索，無數生靈得以藉此攀爬到兜率淨土。這些光束不僅造福了該世代的信徒，並且持續照射著，提供世界上未來的世世代代信眾，也能夠有此獲得解脫的機會。

《傳記》引用了十一世紀的阿底峽上師所作，記錄在《噶當寶卷》中的詩文，羊巴曲傑認為那是對於那兩尊彌勒佛像及其力量的預言：

噢！仲敦巴喇嘛，在你所轉世的未來，

將會創建了和兜率淨土息息相關的形象。

那些謹從正道的聰明信眾，

將很輕易地找到通往兜率淨土之路。

羊巴曲傑繼續說，仲敦巴喇嘛在此「轉世」，就表示觀世音菩薩將以達賴喇嘛一世及達賴喇嘛二世的僧侶形象出現。而所謂「……和兜率淨土息息相關的形象」，就是指那兩尊純金的彌勒佛。這兩座雕像就像是能量儲藏機一般，藉由他們，彌勒佛的祝福將充滿整個世界。

其他的建築，以及其他所需要的的塑像和圖畫，都是幾年過後，方才逐漸添增進來曲科傑寺。舉例來說，一直到了「火豬年」（1527年），部落首領索南倫度（Sonam Lhundrub）還贊助了原先在傑稱夏里康寺（Jetsun

瘋狂達賴

Shalrekang Temple）的壁畫。壁畫裡有蓮花生上師、阿底峽及其弟子、宗喀巴喇嘛及其弟子，幾位達賴喇嘛二世自己前世的化身，佛陀和十六個阿羅漢，八尊藥師佛以及其他的密續神祇護法。

到了「土牛年」（1529年），也跟著添加了多達四十八根樑柱的第二座集會大廳，還有六十根樑柱的住宿廂房。阿目佉跋折羅南嘉帕桑波（Amoghavajra Namgyal Palzangpo）國王是主要的贊助者。

就這樣，曲科傑寺以純金的彌勒佛雕像作為精神信仰的核心，逐漸發展起來。

晚年

在「火鳥年」（1525年），達賴喇嘛二世禁不住色拉寺的年長僧人和拉薩地區廣大信眾的強烈要求，接下了色拉寺的住持工作。因此，從那時候開始，他肩負哲蚌寺和色拉寺的領袖責任。同時，他還要持續督導曲科傑寺和札什倫布寺。

他之前曾經造訪過色拉寺幾次，並且在那裡授課講學。這座寺院在拉薩附近，離哲蚌寺只有一小段距離，在規模上比哲蚌寺小了許多。雖然如此，它卻是格魯巴最重要的組織機構。當他隔年前往色拉寺去授課的時候，經歷

了一個夢境，夢境中有人告訴他：「從色拉寺建立到如今，它的僧侶人數一直都很少。」因此他決心為色拉寺奉獻心力，增加僧侶的數量，並且建造佛陀雕像，以為寺院帶來蓬勃的榮景。接下來這幾年，他將更多的比丘任派到該寺院區。

正如同我稍早提到的，羊巴曲傑在「鐵虎年」（1530年）往生了，當時達賴喇嘛二世五十五歲。因此，從那時候起，《傳記》的工作就由另外一位比丘——貢卻嘉——來接手。但實際上，這件接手的工作並未馬上進行，而是在八年之後達賴喇嘛二世往生才開始。貢卻嘉並非是達賴喇嘛親自傳承的弟子，而算是二世眾多弟子的學生。因此，他所接續的部分就不似羊巴曲傑所撰寫的那樣具備歷史精確度。

經常出現在貢卻嘉筆下的人物如今是桑耶帕佐瑪（Sanggyey Paldzomma）王后，她是丘莫隴（Kyormo Lung）札什札克巴堅贊帕桑波國王（Tashi Drakpa Gyaltsen Palzangpo）的妻子。到了1530年代中葉，達賴喇嘛二世似乎將她視為是最重要的支持者和民間弟子。當然，她既是非常富有，又極度熱中佛教。她和達賴喇嘛二世彼此的因緣始於「木猴年」（1524年），當時她邀請二世前往南瑟拉澤（Namsey Lhatsey）授課。在此之後，她和她的夫婿兩人成為二世在拉薩和吐龍（Tolung）一帶活動的主要贊助者。《傳記》這麼寫著：「從那時開始，他們使

瘋狂達賴

得西藏中部閃耀著精神奕奕的光輝，就如同當初印度中部的佛陀時代一樣。」

似乎就在曲科傑寺落成後不久，達賴喇嘛二世就指定他的弟子之一——資深的比丘阿闍黎羅梭雪念（Lopon Losel Sheynyen）——作為首席行政僧侶兼寺院運作的執行住持。不久之後，大概是因為羅梭雪念變得太過於衰老，這個職位就給了二世地另外一位弟子阿闍黎夏瑞寶瓦（Lobpon Sherab Pelwa）。之後這位比丘就成了達賴喇嘛二世的知己，照料曲科傑寺的寺院事務，並且督導寺院的發展。他同時也必須督促在此閉關冥想的七十位僧侶，並且負責張羅整個院區的日常開支。

達賴喇嘛二世如今一年到頭都是計畫滿滿，包括快到年尾的時候得主持拉薩的彌勒佛祈福法會，以及各式各樣迎接新年的儀式，例如旨在驅趕過去一年厄運的「托加」儀式（torgya），就是在一年的最後一天舉行。同時還有一些開春典禮，乃是藉由宗教儀式來為一年的開始討個吉兆，預祝接下來幾個月的繁榮和和諧。接下來就是「祈願大法會」登場，由拉薩大昭寺數千個比丘共同參與，他在新年之後的一整個月都必須來督導這件大事。接著，他就要在色拉寺、哲蚌寺和甘丹寺等寺院進行各一、兩個星期的授課講學。一般說來，按照這樣的行程他從秋末到春天都會待在拉薩。之後，他通常就找幾個從拉薩可以直接前往的幾個地方進行朝聖和講學，例如像藏省的札什倫布寺

或吐龍地區。其中有許多年，他是在春末就回到曲科傑寺，而後整個夏天都在那兒進行閉關冥想。他每一年也都會到曲科傑附近的地區，例如貢波（Kongpo）和沃喀（Olkha）的南部朝聖兼講學。

然而，生活並非一直都很平順。比如在「火鳥年」（1537年）的秋天，懷有敵意的軍隊揚言威脅要進攻劇平他在傑區的寺院。貢卻嘉寫道：「邪惡的魔鬼挑起派系人士對上師的豐功偉業產生妒忌，許多軍隊開始從東部前往傑區，……拉姆納措湖出現了許多不祥之兆。」

達賴喇嘛二世藉由瑜伽方法來回應。他到拉姆納措湖畔閉關，並且召喚吉祥天母護法，請求她發揮精神力量維護和平與融洽。瞬間，一陣暴風雨興起，漫天充斥著可怕的響聲，吉祥天母給了他們一切會化險為夷的徵兆。《傳記》繼續描述，吉祥天母實踐其神奇的外部力量，統治卓達（Droda）的南梭頓月巴（Nangso Donyopa）國王突然間不知道從何而來，趕走了入侵的軍隊，讓他們掉頭走開。貢卻嘉在描述這個事件時，下了結論：「許多士兵都在戰役中喪命，有一些則是在歸途中死去。……更慘的是許多人即使回到家，身上卻染上了傳染病，且傳給了社區鄉親。……自從那時候起，再也沒人敢攻擊傑區。」

在以上的描述中，貢卻嘉非常小心謹慎地避免揭露真正的入侵者來自何方，以及他們背後的領導人是誰。

瘋狂達賴

163

這是西藏傳記寫作的典型通例。傳記作家們認為呈現邪惡和暴力之一方最好的辦法就是把他們模糊化，而不是永遠刻記下他們的名字。這個事件僅僅在《傳記》裡記載，為的是要說明達賴喇嘛二世利用密續儀式鎮撫了來犯的敵人。因此花了大量的篇幅仔細描述鎮撫儀式，對於鎮撫對象的名字和來歷倒是隻字未提。

到了「土狗年」（1538年），在喇嘛知識界發生了一場激烈的哲學辯論。噶舉巴的喇嘛「噶瑪巴米覺多傑」（Karmapa Mikyo Dorjey，噶瑪巴八世），寫了《般若波羅蜜多心經》的注釋，卻引來色拉寺的資深比丘認為他誤讀或誤會了《般若波羅蜜多心經》的要義。他們要求達賴喇嘛二世必須為此撰文辯駁【註19】。他慨然接受了，卻僅僅是創作一首詩來說明：

> 佛陀們教導眾生的方法千百種，
> 有時候他們之所言字面真確，
> 有時候則是利用隱喻來表現，
> 端視哪一種較適合聆聽者的心意。
> 他們委婉地說出當一切都表現得非常直接時
> 受過訓練的人反而就難以明瞭了。

因此，他讓大家知道了他個人其實還頗為喜歡噶瑪巴的作品，並且對於色拉寺內所發生的強烈爭議也欣然以對。

死前的託囑

到了「土豬年」（1539年），卓達的南梭頓月巴國王
——兩年前拯救了被圍困和進犯的傑區——邀請達賴喇
嘛二世前去「澤卡宗」（Zhekar Dzong）講學。這位領袖
已經完成了該地新寺院的蓋建，因而請求達賴喇嘛二世
來賜名，並且答應引領其精神信仰。他將它賜名為「噶
當倫布」（Kadam Lhunpo）。

達賴喇嘛二世在課程的最後，對著學生吟唱了一首
詩文：

請聽著，我們大夥兒能夠作為朋友

的因緣是多麼短暫而薄弱，

像是天空中的雲隨風散聚。

瞬息間的事物不堅定，

像是虛幻的海市蜃樓。

因此我們必須藉由修行，

那是在千變萬化的世間唯一的堅定。

這是我的建議，你們應該以

這樣的方式來生活！

當他唱完了這首詩文，整個房內變得十分安靜。他
靜靜地端坐著，臉上的氣色逐漸淡去，把眼睛也闔上。
他的頭偏斜輕垂，接著吐了一口大氣。他的主要隨從松

瘋狂達賴

拉巴（Sung-rabpa）注意到他好像病得很重，似乎是中風或是心臟病。他輕輕地碰了二世的手臂，要來確認他的情況。

「安靜！」喇嘛告訴他，「現在真正的問題不在於我是否健康，而是弟子們的心靈是否已經找到了精神上的道路。……你們自認為是我弟子的，心中的想法不應該是我的想法，而是應該有自己修行佛法的心得。這就是我許多年前來此地區講學的唯一原因。」

在他以這樣一種特殊的方式說完這些話之後，便前往沃喀（Olkha）的虎峰。

依照往例，「鐵牛年」（1541年）的一開始，還是達賴喇嘛主導的法會上場。他又再度於拉薩督導「祈願大法會」的進度。許多親身聆聽他《佛本生經》課程的人都深深被他的堅定所感動，並且擔心那樣的場面已經透露了他即將準備往生的訊息。

他在哲蚌寺度過春天，傳授了許多有關印度經論的課程，並且把自己的著作全都看過一遍。在課程的一開始他就說：「你們既然身為我的弟子便要好好地聆聽，因為這或許是我最後一次授與你們這些深奧廣博的教義了。」他之前從未這樣對他們說過，以致於讓他們憂心忡忡。在那一次的授課進行間，發生了幾次地震，山巒間的風呼嘯而過好似悲悽啜泣。日蝕發生了，許多資深的喇嘛當晚都作了靈夢。

貢卻嘉的《自傳》指出，為首的幾個喇嘛開會決定要如何採取下一步。這位上師似乎並沒有罹患任何病症，卻繼續提及自己即將死亡。他們決定集結西藏中部所有寺院的力量，為他舉辦一場精緻的延壽大會。此外，他們一起去找二世，希望他能藉由冥想的力量來延長壽命。

一支從札什倫布而來的喇嘛隊伍火速趕到拉薩，請求他繼續留在世間傳法。甘丹巴（Gandenpa）的國王索南嘉波（Sonam Gyalpo）和他的王后也親自前來提出同樣的請求。貢噶（Gongkar）的布赤嘉莫（Butri Gyalmo）王后接著採取同樣的動作。他的弟子從四面八方湧入，表達他們對於他健康的關心。

貢卻嘉暗示，這位上師如果在夏天就往生，所有的焦慮和擾攘也都改變不了事實。他寫道：「弟子們集中他們所有的福德能量，讓上師可以和他們再多共同生活一年。」

在那個夏天，達賴喇嘛二世進行了一次的說法之旅，到那些他擁有眾多弟子的地區去講學。首先，他去了甘丹切（Ganden Tsey），然後去了千噶（Chennga）和珠許倫波澤（Chushul Lhunpo Tsey）。他在這每一個地方都進行了長時間的公開授課。在此之後，他就到桑耶寺，召喚所有由蓮花生上師所掌理的護法。接著他又去（Taktsey）、浦珠達（Pudrukda）以及蒙仲（Mondrong）。

他在這些不同的地方繞過一圈之後,最終抵達曲科傑寺。

他在此展開講授高深教義的一連串計畫。在授課期間,他看起來彷彿就像回到少年模樣。但是,就如同先前提到的情況,他的談話中又透露了某些徵兆。貢卻嘉引述:

我的朋友們聽好!你們親身與我相遇,並且聆聽我這一些精神層次的課程好幾次了。最重要的是要把我說的這些內容精義放在心裡。並且維護著這些義理的修行,當作如同維護著眼睛裡清亮的瞳孔般。

如果你們不能將這些精粹的義理納入修行,那麼我們花那麼多時間共處就沒有任何意義。就好像你們從未遇見過我,而且也未曾聽過我說法一樣。一旦如此,你們就不可能在我們的會面中獲得一絲一毫的益處。

我請求你們:堅定地握住手上鞭策修行的韁繩,讓它發揮實際的效果。這樣,我們才算真正的遇見過,你們才算真正聆聽過我的說法。如此一來,你們就會在自己精神層次的解放中獲益良多。

舉例來說,如果有個病人去看了醫生,拿了可以治癒疾病的藥;可是既不吃藥,也不在乎醫生的提點,那麼他就白走那麼一遭去看病了。光是只有看醫生和拿藥,當然是絕對不夠的。

因此我懇請你們,一定要努力來實踐真正的修行。

他就說了這麼短短的幾句話，當場的弟子都深刻地感受到，那是和他所一起共度的最後夏季課程。

到了秋天，「古給」的國王吉登旺秋沃喀迪（Jigten Wangchuk Oedkardey）以及該國宰相那旺南傑寄給他一封信，希望他能比照在傑區一樣，也在古給建一座寺院。他把信轉給了傑滇巴達藏巴（Jey Tenpa Darzangpa）上師，由他來建造了阿里札倉（Ngari Dratsang，學校）。

完成了在曲科傑寺的講學之後，他前往達波札倉（Dvakpo Dratsang），來為他在那裡的弟子們授課。有一天，他夢到了老師克珠洛桑嘉措對著自己說：「你的曲科傑寺蓋得好，你做得非常好！」他將老師的話視為是自己的人生任務已經完成。隔天，發生了一次地震，之後刮起了一陣強風，他覺得：「我們應該立刻回到傑區。」

回到曲科傑寺之後，他舉行了一個祈願儀式，祈祝天下和平與融洽。之後，他對著弟子們說：「朋友們，我必須很快離開，去和北方的人們一同工作。我走了之後，你們要致力於修行，我們不會分開太久，我會再回來！」

翌日，他前往沃喀的虎峰，東部的阿目佉跋折羅南嘉帕桑波（Amoghavajra Namgyal Palzangpo）國王贊助他一個大型的儀式與授課活動。在做結論的時候，這位上師又說：「我的朋友們，人與人之間的相逢總有一天會

分開。我必須要趕快離開，去幫助北方的朋友。」他對著
國王說：「你還是要繼續贊助宣揚佛法，並且把萬事萬物
看作自己的小孩。就這麼做吧！很快地我們會再相見！」

貢卻嘉注釋：「之後，他沿著拉薩的河谷離開，讓
所到之處的弟子們都看到他衰老的身軀，並且為他們來教
授最終的課程，提點最後的忠告。」

在桑耶寺，他在蓮花生上師以及那些古老時代的國
王塑像面前再度祈禱，貢卻嘉寫道：「天空變得非常詭
異，一陣甜美的芳香散播整個地區。彩虹在廟宇的上方出
現，然後飄落下繽紛的花雨。」

最後，他抵達了哲蚌寺，他在此教授《五次第明炬
論》（Rim-lnga-gsal-sgron）以及寂天大師所著《入菩薩行
論》其中一章。之後他舉辦了彌勒佛的法會和祈願儀式，
為這一年劃下句點。

在「水虎年」（1542年）的第一天，他舉辦了一年一
度的「朵瑪」（torma）儀式。當儀式要結束的時候，他對
弟子們說：「現在，我即將走完人生，……再也沒有留下
來的必要了。」儘管如此，他還是如往例舉辦「祈願大法
會」，在早晨的時候對著群眾們說法，並且在黃昏的時刻
帶頭高唱讚美詩。

貢卻嘉記錄了他在某一天對大家的談話：

宗喀巴喇嘛將他的思想內涵簡化成兩個主要的問
題：要如何普渡六道輪迴中的眾生，提升佛法的地位？

尤其是要怎樣讓居住在雪域的人民，獲得最大的益處？

　　他的做法就是舉辦「祈願大法會」。在那裡，成千成百的僧侶和老百姓在兩尊等身覺窩佛像（Jowo）的前面進行歡慶。

　　這個就是全世界最大精神力量的來源，我們務必依照傳統持續舉辦，……。它會將我們引領到特殊不同的命運。

　　他又再度提出新的離別忠告，讓這些人在心理作好準備──他的人生已經即將劃上句點。

備妥下一世的轉世

　　次日，有個信差帶著桑吉帕佐瑪（Sangyey Paldzom）王后的一封信來見二世。信中請求他能夠前往丘莫隴（Kyormo Lung）。他的隨從卻是希望他能暫緩這次的遠行，他看起來似乎因為這幾年來的大小活動和張羅祈願大法會而耗盡元氣。

　　他卻不願聽隨從的勸告，只是回答：「我沒有生病，……沒有人像桑吉帕佐瑪王后這般虔誠地奉行著佛法了。和她的會面非常重要。我要馬上走，否則再遲一點的話，我根本不確定還有沒有氣力去見她。」

瘋狂達賴

　　貢卻嘉的《傳記》裡指出，他對這趟旅行這麼堅持
的原因是計畫要在吐龍一帶進行轉世重生。丘莫隴是主要
的佛學興盛之地，他希望能在那裡舉行各種儀式來求得好
兆頭，並且清除可能的障礙。

　　他在當月的廿六日抵達，並且把大部分的時間花在
各種密續儀式上。到了當月的最後一天，他舉辦了一個大
型的廿九食子（gu-tor）儀式。到了儀式接近尾聲的時
候，他對著國王和王后說：「很快的，我就要離開這副舊
軀殼。但請不要因此而感到悲傷，我們不會分開太久。」
他總共在丘莫隴待了九到十天，這象徵著他的轉世將在他
往生之後的九到十個月，於這一地區再度出世。

　　離開丘莫隴之後，他又接獲南傑札巴（Namgyal
Drakpa）國王和帕德辰布赤（Paldzom Butri）王后的邀
約，希望他能造訪吐龍達（Tolungda）的康薩爾貢
（Kangsar Gong）。他們在吐龍河的河畔會面。他對著國王
和王后說：「這陣子我的身體不是很健康，……。但請不
要太過悲傷，我會很快地又來找你們。」因此，他也暗示
了他將在這一帶重生。

　　當他一行人經過吐龍谷的時候，到了一座稱為奇爾
瓦（Kyerwa）的佛塔附近。馬兒突然間絆倒受了腳傷，
他們因此必須在此停留片刻，等待找到新的馬匹。他告訴
松拉巴說：「把這些都記下來！」

　　貢卻嘉在結束這一部分前下了註腳：「因此，觀世

音菩薩以一個穿著僧袍的平凡人樣貌出現，為了未來的
生命鋪路；並且為了可以協助找尋自己的轉世，而留下
各種清楚的信號。」

很重要的，讀者們必須記得，這一部分全是貢卻嘉
後來的追溯所寫。他是到了1560年，也就是達賴喇嘛二世
往生之後十八年才開始著手進行《傳記》。在那時候，達
賴喇嘛三世事實上已經早在十七年前就被發現了。儘管
如此，達賴喇嘛二世到丘莫隴和吐龍達的康薩爾貢期間
所說的話對於尋訪團指認位於吐龍一帶的轉世者是絕對
有幫助的。

喇嘛往生

達賴喇嘛二世平安地返抵哲蚌寺，並且在甘丹頗章
住下來。雖然他並沒有罹患任何疾病，但看起來卻比以
前都要消瘦許多。他的隨從松拉巴請了醫生來替他檢
查，但是這位上師卻是心無罣礙，他笑笑地說：「有什
麼必要看醫生呢？又有什麼必要服藥呢？我根本沒病！」
而在另一個場合，當弟子們關心他的身體狀況時，他便
把他們喚來，說：「所有的世間現象都是暫時的，也許
你們這些弟子不懂這個道理，你們需要從這個經驗中好
好學習。」

疯狂達賴

　　王國中傳授神諭的人也被找來研判情況，上師待他很好，兩個人共處了很長的時間，但是他還是堅持自己並沒有任何身體上的疾病。這位傳遞神諭者只好請他的這些弟子們祈求上師繼續留下來和大家在一起。

　　有一天晚上，他的隨從松拉巴似乎是因為上師的身子越來越虛弱而感到焦躁心煩。上師笑笑地對著他說：「告訴我，你認為哪種情況比較好？是伺候一位像我一樣老的喇嘛，還是伺候一位年輕的轉世者？」他每天都跟他的弟子們講類似的話，當作是教導他們，好讓他們心理上作好他會隨時往生的準備。有些時候，他顯得又老又累；而有一些時刻，他似乎又變得年輕又有活力。

　　在那個月的第十八天，他把弟子們找來，要他們準備一個祭壇，好用來進行祈禱和冥想。他對他們說：「我今天看到一個幻象，阿底峽上師及其弟子，與宗喀巴喇嘛及其弟子，還有佛陀們和菩薩們，都一起出現在天空中。然後消失在頂輪、喉輪和心輪三處（crown chakra, throat chakra, heart chakra），許多年輕的男子和女子密續神祇出現，並且邀請我隨同他們而往。當我走的時候請不要難過，我在未來生命中會繼續關心大家。」

　　這些弟子們懇求了上百次，請他不要離開。他笑了一笑，說：「我可以多延續幾天或幾個禮拜，但是再久就沒辦法了。」《傳記》寫道，他故意和弟子們抬槓，他要利用自己的死亡，讓他們知道「無常」的本質。

這段時間，他還是對著弟子們唱了許多密續歌謠，並且說一些有關自己來生的預言。以下就是其中兩則預言。某一天，他對松拉巴說：「昨晚我聽到有人使用海螺殼吹奏法音的旋律，把這個記下來！」而另一次的場合他又說：「午夜的時候我夢到四支金黃色的勝利旗幟，那四支旗從紐東切（Neudong Tsey）（達賴喇嘛五世未來將在該地建立布達拉宮）朝著我過來，穩固地豎立在我居住的處所哲蚌寺。」這兩個夢境預言了從他到達賴喇嘛五世，他的化身轉世都會居住在哲蚌寺的甘丹頗章；並且以哲蚌寺為起點，為佛法和眾生努力工作。而第二個夢境也預言了之後達賴喇嘛五世會把住所搬遷到布達拉宮。

他持續以這樣的方式，在自己的房間接待弟子，進行每日的非正式講學，直到那一年的第二個月。有一天，他在主殿舉行一個供奉茶水的儀式，在儀式結束時對弟子們說：「我這老舊的皮囊已經使用到了利益眾生的極限，當我往生的時候請切莫傷悲。我會在未來的生命中看顧著你們！」他接著唱了許多密續的歌謠，作為離開前遺留下的精神忠告。其中有一首的內容是：

聽快樂的人唱首歌！

很快地，

這創造出戲劇人生的虛幻病症，

將會自行消退。

沒有後悔。我們成就了許多，
就只差那麼一丁點的努力。
別對著我的屍體大驚小怪⋯，
你們所能替我安排的最佳葬禮，
就是聆聽、沉思以及冥想，
實現我過去教給你們的微言大義。

　　到了第三個月的第三天，他又再度把幾個主要的弟子找過來，對著他們說：「我們若能夠在一起冥想修行，將會帶來莫大的福分！」他們便一同靜坐冥想，持續了四天，毫無中斷休息。這位上師甚至沒有睡覺。松拉巴擔心他的體力無法負荷，懇請他休息一下。然而，上師卻說：「我為什麼要去睡？⋯⋯我把睡覺的時間用來將自己的心靈安住在『大手印』的狀態，那是萬事萬物最終極的本質。我已經無須再進行冥想了。我沒有睡覺，沒有作夢也沒有生病。我已經脫離這些習性。」

　　到了第四天，天空佈滿了彩虹，花雨如瀑從天而落。這位上師從冥想中啟發了靈感，他說：

　　一般說來，別離是相聚最終的結果，特別是三世諸佛、阿底峽大師和宗喀巴喇嘛，也都繼續以無以計數的各種神祕方式，來為世間奔走，⋯⋯。

　　我這個殘舊的身軀已經完成了此生必須經歷的磨練。因此，我可以捨棄它了。但我不會捨棄你們。很快

的，會有一位年輕的轉世者取代我，繼續肩負起同樣的
任務和工作，……。

你們要依靠精神修行，以及密續神祇的冥想，直到
那個時候。不要讓你的精神分散，當你需要休息的時
候，就把心思全放在冥想這件事情上面，……。

說完了這些話之後，他便以半金剛座坐姿，右腳稍
微地伸展，兩隻手放在靜坐姿勢的大腿上方，而眼睛就
如冥想時般地凝視。到了這個月的第六天傍晚，他在一
片幽暗之中，開始進行金剛經誦唸的密續冥想，將身上
的元氣緩緩引導，集中到心意。如此持續了一整個晚
上。

隔天的黎明，他已經完成了氣力的集中吸收，並且
讓呼吸和心跳都處於一種停止的狀態。接著，他吸收了
所有意識到法界的淨光中，將所有現象的外觀都變成了
「空」的感覺。貢卻嘉的結尾說明了此刻的情形：

因此，他將一切吸收到法身，從那裡顯現了另一個
世界的赫魯嘎勝樂金剛佛陀的報身，他送出了百萬種變
化身轉世，只為度化世間眾生。而他自己保持著智慧與
福德充滿的頓悟狀態，……證諸於弟子們，他已獲得極
致圓滿的頓悟。

他的火葬旋即舉行，當火燒後的骨灰取出來時，出
現了許多舍利子與其他的吉祥徵兆。尤其是心臟並未被

瘋狂達賴

火焰燒毀，而是如水晶般清澈展現出佛陀的身形，那樣貌便是密續神祇赫魯嘎勝樂金剛。

他的聖骨匣在丘莫隴製造，由金銀打造並且鑲嵌著無數的珠寶。它的形狀猶如勝利佛塔（Victory Stupa），直立的高度是十三伸指（mTho，拇指頭至中指頭的最大伸展長度）。

貢卻嘉的結論是這麼說的：

因此我們的湯界欽巴上師（全知者）實際上已經在許久之前便已證悟，他在這裡的戲劇人生、證悟和死亡，全都是為了我們。他的這些行為只有其他的證悟成就者方能理解；即使是通過十地的菩薩也無法全然明白他所要度化的那個層次的群眾。

然而，為了未來世代的福祉，我嘗試在此描述幾件與他有關的重大活動或事蹟。但是我所盡量寫出來的比起他真正所做的，不過就如同綠草葉尖所凝結的一滴露水之於廣闊無垠的大海。

正如神聖的達賴喇嘛十四世在本書的序言所說，達賴喇嘛二世在許多方面都是眾多化身轉世中最偉大的。他實實在在地開啟了一條熱切的道路，讓西藏人民都能接受他之後的化身轉世。可以說從他之後的化身轉世能夠有所成就，在許多方面都必須要追溯到他所奠定的基礎。事實上，若非達賴喇嘛二世建立起傳統，「達賴喇嘛」這個身

分職務是否能夠持續下去就很令人感到懷疑了。他不僅僅讓達賴喇嘛一世的傳說成為真實、持續延續，並且將它推向一個出人意外的高度，為未來的轉世者建立了典範。

正如羊巴曲傑在《傳記》中所指出，到了達賴喇嘛二世的晚年，整個中亞地區，不管是僧侶或在家居士；國家領袖或是遊牧民族，大家不是直接從他那兒接受教義或祕訣；就是間接地追隨他的弟子來研習。

在他往生後不久，有個小孩在預言和眾所期待下，伴隨著各式各樣與崇高轉世相關的徵兆誕生了。這個小孩是依照達賴喇嘛年老時最後一次拜訪丘莫隴時的說法，在吐龍一帶被發現，而在甘丹頗章就任為達賴喇嘛二世的轉世。事實證明，他是個表現傑出的學生，很快地便達到眾人的期待，輕鬆完成有關精神層次的教育。

在達賴喇嘛二世生前的最後幾年，他曾經好幾次地說：「我必須很快地去和北方的人們一同工作！」這個諾言在達賴喇嘛三世於1578年前往蒙古教化當地百姓時實現，他將蒙古引導向一個平靜和諧的新紀元。而這個和平時代不僅影響到了中亞，也影響了當時世界上大部分地區，因為當時蒙古是世界上暴力侵略性格最強，軍隊火力也是最大的國家。

因此，就這方面來說，他的功德不僅擴及整個亞洲，同時也造福了歐洲人民。若是當時已經有國際性的

和平獎，憑他的作為，絕對是受之無愧。當現今的達賴喇
嘛在1989年接受諾貝爾和平獎的褒揚時，這同時也被視為
部分是達賴喇嘛三世的偉大功績，算是在他死後追贈獎
勳。因為達賴喇嘛二世有好幾次都清楚表示，他的許多計
畫會由未來的轉世完成。

結論

　　正如同我在一開始說明達賴喇嘛二世生平時所指
出，在描述他早期生活時，尤其是他和父母、祖父母的關
係，以及早期一些旅行的部分，我大量地參酌了他自己寫
的《自傳》。然而，依照書寫傳統，他的書寫多少太過謙
卑保守，因此羊巴曲傑和貢卻嘉的《傳記》就生動許多。
另外，它同時也呈現出一般人對他的理解，因此也等於是
提出了另一個故事版本。因此，在達賴喇嘛二世成年以後
的部分，我就多方面採用《傳記》的內容。十八世紀的噶
千智幢在《師承錄》一書中也提供了簡單持平的介紹，所
以我也將它當作素材。至於達賴喇嘛十四世的說明，我大
部分是參考波賈巴仁波切（Purchokpa Rinpochem）在1930
年代出版的《達賴喇嘛生平概要》（rGyal-bai-sku-'phreng-
rnam-thar-dor-bsdus）書中所述，而這是從《甘珠爾經藏》
的布達拉宮版本由他寫的的序言所發現的一本書。

　　我並不想要對達賴喇嘛二世的生平事蹟進行批判式的分析，只是呈現出傳統理解中的單純故事。我的目的在於藉由本書裡的創作歌謠和詩句，來傳達作者的人格特色和生活方式；並且揭開這些詩文創作節節的年代，也就是十五世紀末和十六世紀前半葉，西藏人光明的生活內涵。

　　我在第三部分的每一首詩文之前都會加上譯者的序言。如果可能的話，我都會將個別作品創作的時間和地點標示出來；還有，說明它是為誰所創作，以及注釋或評論作品本身的內容。有一些作品的創作年代還是必須參考《自傳》或《傳記》，至於創作的地點和激發創作的人物對象等訊息，有時候會出現在個別詩作末端的題署。

　　在藏文版本中，這些題署總是都被放在個別作品的末端，而我決定將他們挪到之前的譯者序言，以期能完整地介紹這些作品。另外，不管是《自傳》或《傳記》，都沒提到是由誰來編輯這些達賴喇嘛二世的詩文，以及是依照哪些標準來選錄這些詩文，藏文版本甚至也未說明個別的主題。我們猜想這個工作應該是由二世的弟子組成編輯委員會所完成。很遺憾地，印度及世界上任何一個可以公開取得資料的圖書館都沒有收藏他的《精選作品》或是《全集》（Sungbum）等書的副本，那裡頭或許會有一些介紹性的文章曾提及以上的訊息。

疯
狂
達
賴

註釋

註1 達賴喇嘛二世的《自傳》讀起來並不如羊巴曲傑和貢卻嘉合寫的《傳記》那麼的輕鬆有趣。它的文體形式僵硬了許多，像是許多備忘紀事的彙集，而不是具有實質內容的自傳。這是因為西藏的文學傳統中原有的一股謙卑之風，不喜歡作品以個人的特性來強出鋒頭。因此，大部分西藏的自傳文學都較為平淡而保守，尤其噶當巴和格魯巴的傳統更是如此。而另一方面，傳記作家就沒有這樣的約束，因此在文章中便可盡量鋪陳。因此，傳記往往比自傳來得有趣許多。

註2 也許是因為搬到雅魯尚的緣故，讓這個家族的信仰從寧瑪派轉向了香巴噶舉傳統。雅魯尚是香巴噶舉的主要根據地之一。

值得注意的是，香巴噶舉和達波噶舉的不同之處其實非常明顯。這兩個支派在早期並沒有歷史上或精神層次上的淵源。兩者在名稱上的類似只是巧合。「噶舉」的意思是「指令的世系」。達波噶舉源於馬爾巴、密勒日巴和岡波巴——也就是眾所熟知的達波或是「達波來的學者」。（岡波巴在達波地區的寺院最後成為學派名稱的一部分）。而香巴噶舉則是由瓊波那爵（Khyungpo Naljor）所創立，他的教學活動都在香（Shang）地區一帶，因此學派的名稱就因此而傳襲下來。也有所謂的「甘丹噶舉」傳統，那是和達波噶舉或香巴噶舉都完全無關的格魯支派。

註3 許多不同的佛教密續傳統都有睡夢瑜伽。而介紹得最仔細的應該是香巴噶舉學派的「尼古瑪六法」。我把達賴喇嘛二世對此一系統的注釋和評論寫入了《達賴喇嘛二世精選作品：尼古瑪姊妹的密續瑜伽》（Selected Works of the Dalai Lama II: The Tantric Yogas of Sister Niguma, Ithaca, NY: Snow Lion Publications, 1985）

瘋狂達賴

註4　噶千-智幢曾撰述一篇簡短的達賴二世傳記，裡頭對於札什倫布寺
代表團初次和達賴二世相會卻有相當不同的描述，也許他參考了其他的文
件，而現在這些文件早已佚失。他寫下了達賴二世在兩、三歲時所經驗到
的種種幻象並加以評論，「他三歲時看到吉祥天母示現並寫了首詩歌來讚
頌衪……不久之後札什倫布寺便捎來一封信希望和他會面，然後札什倫布
寺代表團就來見他並進行檢驗……當達賴二世遇見達賴喇嘛一世的弟子索
彭卓瑪時，一眼就認出他然後說：『你看起來就和我上次看到你時差不
多。』諸如此類的情形讓代表團相信他確實是達賴一世的轉世，大家都充
滿了信心。」

註5　很可惜的，這個頭蓋骨，以及其他達賴喇嘛二世置放在曲科傑寺保
存的物品，於1960年代中國大舉破壞西藏文化團體機構之後，全都消失了。

註6　庫頓是相當早期的優秀噶當巴喇嘛之一，直接受教於阿底峽，是仲
敦巴喇嘛同時期的人。

註7　有關這方面的問題，寺院中還另有一種流言。二世的父親是依循寧
瑪與香巴傳統的已婚喇嘛，既然沒有維持著獨身，他的小孩在此間就被視為
不適合。大部分的轉世喇嘛，都是從小就被寄養在寺院，由年長的僧人來照
顧，這位資深喇嘛通常也會是轉世者的前世弟子。假如小孩的父母來看他，
通常都住在客房區，而非真正的寺院區。二世的父親同時身兼小孩的導師，
顯然認為他要有差別待遇，而且也接受了差別待遇。似乎他在此逗留過久而
變得不受歡迎。也有可能年長的師父們懷疑他企圖利用大家對他兒子的尊敬
而僭越了自己原有的身分。

註8　很慶幸地，熱振寺是西藏原本六千五百個精神層次的組織機構中，
未被1960年代的中國共產黨毀壞碩果僅存的十三座寺廟之一。

註9 林澤秋（Tsechok Ling）的《達賴喇嘛二世的簡要傳記》（Brief Biography of the Second Dalai Lama）中，提供了不同的說法：「這位成就非凡的密續瑜伽士在夢中聽到有人說著：『明天仲敦巴就要來了！』他聽到這樣的虔誠的聲音頗受感動，決意要進行一個測試。他拿了一束含有三十株花莖的花束，將它們放在祭壇上，然後說：『如果這位僧人真的是仲敦巴喇嘛來轉世，這些花就會自動開到一百朵，或者開得更多。那如果不是，就讓花維持在三十朵。』為了讓指令生效，他開始召喚皈依三寶的宗喀巴及其兩大弟子，還有各種護法們的力量。不久之後，朝聖隊伍抵達，並且在主要的集合大廳享用奉茶，這三十條花莖突然間變成了超過二百五十條，盡是繁花盛開。」

註10 桑普和仁沃德千是古早時期西藏最受敬重的兩處精神機構。

註11 分別是澤當寺和昌珠寺。詳見第四首詩和第五首詩。

註12 沃喀的歐底貢加（Odey Gungyal of Olkha），宗喀巴大師也在此閉關多年。

註13 南索拉加瑞（Nangso Lhagyari Dzongpa）曾邀請他前往艾區授課。

註14 有兩首趣味橫生的詩是關於二世回札什倫布寺歸途上的，被收錄在最近的選集：有一首是加區的弟子寫給他，而另一首則是他的回應。請看第三部分〈藍龍之歌〉。

註15 有五部主要的印度經論在格魯巴的寺院大學所傳授，一般說來都是以藏文呈現，而非梵文，並且搭配藏文注釋閱讀。達賴喇嘛一世曾經親自

瘋狂達賴

注釋了其中四部，為的是要作為札什倫布寺使用的教科書。達賴喇嘛二世回札什倫布寺之後決定教授這些內容，應該是為了確保札什倫布寺能夠維持著這些由達賴喇嘛一世在1447年創建札什倫布寺時所擬想的哲學見地，並且避免寺廟的運作淪為和其他藏傳佛教寺院一樣，只重視密續儀式的展現。然而，為了確保密續傳統不會被忽略，《傳記》指出：「此外，對那些熟知高深密續祕訣的人，他教授的是月稱大師對於密集金剛密續系統的注釋《明炬》，……。」

註16 我們從達賴喇嘛二世的傳記中看得出來，他強調精實的戒律研習必須配合持續不斷的日常修行，以及每年的短期閉關。這和早期的支派很不一樣。像噶舉巴就不重視戒律的基礎，強調的反而是為期三年的閉關。

大部分的格魯巴喇嘛直到今天都仍然持續著這樣的傳統，每天進行五或六個小時的冥想——通常是早上進行三到四個小時，而晚上進行兩個小時；每年為期兩個禮拜到一個月的閉關。

因為格魯巴和噶舉巴兩種修行方式有所差異，噶舉的修行者甚至到了今天都還喜歡把他們自己說成「修行派」（drub gyu；sGrub-rgyud），而格魯巴則為「理論派」（shey gyud；bShad-rgyud）。

這兩種修行方法都各有其優缺點。格魯巴的最強項是對於新接受訓練的人可以面面俱到，不管是在智識的理解上或修行上都紮下基礎；而弱點則是有一些格魯巴的信徒太專注於戒律的研習，以致忽略了冥想修行。

噶舉的優點是它偶爾會產生幾位成就非凡的冥想大師，缺點則是僧侶們難得能接觸到其他的修行功課，例如跪拜、密咒的誦唸以及呼吸法練習。由於許多西藏的初學者進到寺院時不會閱讀也不會寫字，缺乏戒律研習的噶舉通常會製造出許多文盲或半文盲，很容易誤會其偶爾發生的精神恍惚是肇因於頓悟經驗中的換氣過度。

達賴喇嘛二世非常清楚這兩種修行方法的優缺點，在他所建立的寺院和關房，以及其畢生傳授的教義中，他一直努力在求取這兩方的平衡點，企圖

讓兩者各自的世界能夠妥善融合。

　　註17　噶舉當時迫害格魯巴究竟影響多大，如今已經很難評估。西藏的宗教家和歷史家還是認為最好不要以形諸筆墨的方式來彰顯，企圖粉飾這一事件。因此，大部分的西藏教科書都只記錄良善的事蹟，以及關於頓悟的光明面，而捨棄了許多負面的歷史事件。而傳記在傳統上，也是稱為Namtar（rNamthar），字面上來說就是「解脫的行為」。為了瞭解當時的衝突和迫害內幕，我們因而必須在字裡行間與圖畫中去搜尋細緻的線索。就像H.E. Richard在他的《西藏及其歷史》（Tibet and its History, London, 1926）所指出，格魯巴的信徒，尤其是甘丹寺、哲蚌寺以及色拉寺的僧侶，是絕對被禁止參加祈願大法會，而那卻是由他們所創立的法會。

　　隱藏在支派衝突以及噶瑪噶舉內部喇嘛間衝突背後的是夏瑪巴祖古。這是他第一次顯露其本性的事件。他最後失敗了，最終該職銜幾乎不保。到了達賴喇嘛八世的時候，該時期的夏瑪巴祖古從尼泊爾引進古卡（Gurlkas）的軍隊，企圖佔領西喀塞（Shigatsey）地區，結果造成尼泊爾和西藏的戰爭。這回他又失敗了，而其職銜一落千丈，歷經好幾個世代。

　　註18　《自傳》和《傳記》兩者都未清楚記載究竟這棟合成建築在當時已經就存在，貢瑪只是擴建；或是二世主導的大法會進行順利成功後，才由部落首領建造。

　　註19　這裡指的應該是噶瑪巴八世對於彌勒／無著《現觀莊嚴論》的注釋，那是西元第四世紀探討《般若波羅蜜多心經》的經論。

瘋狂達賴

瘋狂達賴神祕偈

第3部分

譯文與評論

疯
狂
達
賴

01 一名年幼轉世者之歌

　　作者序言：這本達賴喇嘛二世偈語選輯中的第一則，乃他
幼年時的作品。不論在《自傳》及《傳記》中，都提到它是達
賴喇嘛二世第一首內容充實的創作。雖然在此之前，他已吟唱
出許多密偈，但通常只是幾行的偈而已。即使這些短偈不少也
被收錄在《自傳》及《傳記》中，但沒有一首被選入在他的覺
受詩（Nyamgur）裡。（在「第二部份：達賴喇嘛二世的生平」
裡，我倒是引用過幾首。）

　　這首偈的西藏原文沒有偈名，我在英文譯本裡，根據內容
的意涵，為它取了一個。

　　它的背景介紹印在原文的版權頁處，陳述如下：「有一
晚，當根敦嘉措六歲，也就是在『鐵鼠年』（1480年），實歲大
約四、五歲時，父母責罵他。他突然無意識地吟出這首偈，去
回應他們。當這首偈被抄錄下來時，門口突然來了一名訪客，
它還沒抄完就被擱在一旁，成為未完成之作。」

　　大部份西藏的詩作，都以四行為一個段落寫成。但在這首
偈詩裡，許多段落只有二或三行，而且有些詩行似乎是單獨存
在，自成其意。大部份是八音節的長度，但有些是九或六音
節。由於它原始是吟唱出來的，而不是用寫或唸出來的詩，所
以大概是隨著節奏和韻律的變化，而形成其連貫性。

　　為了方便讀者閱讀，我以主題為本，把這首偈歌分成五

段，並分別冠上副標題。第一段是向宗喀巴喇嘛的致敬偈，他的法號叫做洛桑札巴。他是達賴喇嘛一世主要的宗師之一，也是黃教的創始人。達賴喇嘛二世在他許多手寫的作品中，都以一句向宗喀巴的致敬偈為起頭。在這首偈裡，他稱呼他是「來自東方的上師」。因為宗喀巴出生在安姆多省的宗喀地區，靠近安姆多和中國的邊界處。

　　致敬偈之後，有六行字句向嘉華根敦珠巴和聖觀世音菩薩的致意和祈願偈。觀世音菩薩被認為是達賴喇嘛一世的示現。這些偈句被認為是達賴喇嘛二世宣明自己為達賴喇嘛一世的投胎轉世。在這首偈後面，他又重回這個主題。

　　在其中一段開偈句裡，他寫道：「當六道輪迴裡的眾生／來到閻王，即業行判官之前……」此地的業行判官便是死神；根據佛教說法，人死後會見到這位死神，手裡拿著一面鏡子。人照鏡裡看，會目睹自己一生的回顧。善行、惡行會受到秤量，再依此結果去投胎轉世。如果在這個時候，人能夠憶起佛菩薩，並保持正面的心念，那麼通過這項考驗的機會就會增加。

　　在接下來的段落裡，他談到人類的困境，及大部份人如何因為冷漠、無知，而無法發覺自己的精神潛能。對此，他使用自己的乳名桑吉培，以本身為例作結論。這個乳名是他仍在母親子宮裡時，其母在夢境受到指示而為他取的。

　　第四段偈文申斥他的父母責罰他，而他是偉大上師嘉華根敦珠巴轉世而來的。這個偈歌創作時，他還沒有受到正式地承

認，然而在歌中，他似乎完全認為自己當仁不讓。

　　最後一段包含一些預言。第一則評論嘉華根敦珠巴將輪迴七次，以便完成他的使命。如同現今第十四世達賴喇嘛在序中所提，還有作者在第二章的引言中也述及，達賴二世在一生中不斷做出這類預言，這只是其中一則。而且有許多是他在孩童時期所說的。在這一則中，他指的是他的前世建造札什倫布寺的工作（但在偈中，他是用第一人稱提及這項作為，彷彿是他自己在從事）；還有達賴喇嘛一世和女性護法者吉祥天母所建立的特殊關係。如同在第二章的引言中可見到，他本人也進一步深化這層關係，奉拉姆納措湖為「女神之湖」，或稱幻景湖。

　　這首偈歌的最後一行「雖然你們誓言要請求我……」語句未完。前面提到在原文版權頁處曾解釋，這是因為在謄寫偈歌時，一名客人來訪，使手抄的工作沒有完成。這一行被認為是他日後遭遇的預言：少年時他在札什倫布寺，受到寺內主事者的開除。

　　在前面的一行偈句中提到「在我死前，來呼喚我，」也是一個預言，指到最後他的反對者將會後悔，並請求他的原諒。在稍後的另一首偈詩中，我們會看到這則預言的說明。

疯狂達賴

瘋狂達賴

◆ ◆ ◆ ◆ ◆ ◆ ◆ ◆

【致敬】

向來自東方的光榮上師致敬，

他輝煌如同日月，

宗喀巴喇嘛，佛教僧侶洛桑札巴。

【對達賴喇嘛一世的致敬詩】

向班欽根敦珠巴致敬，

佛經和密教經的寶藏，

在勝利幡旗頂端應驗了願望的珍寶，

他應驗了所有靈修的熱望。

十地的上師以凡夫相示現

在這塊雪之鄉點亮了佛法之燈，

我以身、語、意向您伏敬。

當六道輪迴的眾生

來到業行判官——閻王——的面前，

他們充滿了恐懼和憂慮。

願慈悲菩薩——四臂觀音

垂憫注視他們。

您從喜悅的淨土而來，示現凡夫相
來帶領眾生踏上自由之道。
悲智圓滿的覺者
以不忍仁之心看待受苦眾生
請不要讓他們缺少您的引導。

當眾生走完了這條「路」，
便不再產生苦難的經驗。
請用慈悲心看待那些背離
幸福，為自己帶來悲哀的人。
這個墜落時代中剛強難化的眾生
並未受過去萬能的諸佛所馴服。
請用您的大悲心看待他們。

【人們的精神處境】
帶著自由和賜福投胎的人
就像烏頓瓦拉花那麼稀有
（編按：此花僅開於諸佛出世時），
並且人身難得，
我們一定要善用它。
娑婆世界無數的覺者
如父母般照顧我們；
然而 由於愚癡

瘋狂達賴

使我們在接觸他們時

往往造下了惡業

匯集了轉世受苦的因。

這是世尊親口所說。

但眾生如今輕忽了諸佛

因此諸佛無法

為他們示現開悟之道。

就好比飛蛾撲火

他們因此注定落入困厄之牢

無法跟精神導師們相感應。

請以您的慈悲關照 帶領他們。

如此多的眾生,

我無數前世的父母,

儘管已受到充足的佛法教誨,

卻仍然不滿足,而誤用他們的知識。

為自己開啟了墮落下等輪迴道的大門。

願三寶能解救他們,

因為他們無法承受大苦難;

無論他們轉世到何處,

願他們免除痛苦與哀愁

盡快領略到開悟的喜悅。

一名年幼轉世者之歌

我，無與倫比的桑吉培，
位列於以善巧方便護持證悟法門的
廣大精神導師之列，
如偉大的山之王一般堂皇，
在此吟出這些偈歌。

【儆戒他的父母】
有些眾生為業性所惑，
輕視並惡待覺者。
因此他們落入下等的輪迴道中。
他們（父母）斥責我，彷彿立意良善，
但那徒然為他們造下口語的惡業；
把我看成冠上的珠寶，對他們才有好處，
因為他們的願望將如落雨般實現。

得到如班欽一樣的聖眾為兒子
就如同發現一顆還願寶石般稀有。
他們應該把我看成金剛持佛。

【預言】
雖然他（達賴喇嘛一世）在這世間
完全灑滿了佛法至高無上的瓊漿玉液，
但並沒有完成他的計劃。

瘋狂達賴

瘋狂達賴

因此，他將輪迴七世
為娑婆世界的眾生貢獻
再沒入無瑕的法界中。
受到他鍛練的幸運眾生
必然往生到極樂淨土上。
在這次的轉世中，願我能利益眾生
在十方法界中遍植真理的幡旗。
願我的行止如旗 飄揚遍三界，
願智慧的冠上之寶永遠磐固。

（哦，根敦珠巴）希望的泉源，實現願望的珍寶，
他已經超越修持，達到圓滿，
眾生在他的土地上，於禪修中
將獲得恢宏的啟發；
釋放出汩汩不斷的證悟力量。

藉女護法吉祥天母之助，
我（我前一世）在光榮的札什倫布寺
穩固地建立我的教法。
所有記得這件利益功德的人
應毫不遲疑立刻歡迎我。

一位班欽（如同根敦珠巴）乃稀世之人；

一名年幼轉世者之歌

在我死之前，如果你們有聽聞我的轉世，
請來呼喚我。

雖然你們誓言要請求我……

Mystical Verses of A Mad Dalai Lam

疯狂達頼

02　取悅世間之舞

　　作者序言：這首偈歌在原文版權頁做如此說明：「這首靈修偈歌名為『取悅世間之舞』，乃個人內省的一首匯編。它是根敦嘉措在哲蚌寺所創作。這位詩人同時也被稱作揚千雪貝多傑，也就是文殊喜笑金剛。在這首偈歌中，他以佛教上師們的教法為素材，編織成一頂蓮花花環，戴在自己的頸上。」

　　根據《傳記》裡記載，這首偈歌是根敦嘉措在哲蚌寺身為三年的必要見習生時，在第二年所寫的。也就是1495年，當時他二十歲。羊巴曲傑說明，它主要是一首預言歌，內容有關他未來建造曲科傑寺的工作。但預言只是其中一個面向，還有其它主旨，如他在版權頁上的說明，它是「一首個人內省的匯編」。

　　如同我們在第二章所述，這所未來佛寺的地點，被稱做麥托唐，或稱「花草地」，位於拉姆納措湖附近。偈歌中多次重複「群花」這個字，乃這首作品預言性本質的一種顯示；如同他敘述自「沈思之處」的所見也是如此。唯根敦嘉措在創作這偈歌時，還沒有到過。

　　而且，他是在十幾年後才造訪該地。當時他受沃卡地區族長拉加瑞巴的邀請，到該地去做巡迴弘法。拉加瑞巴請求他到傑地區，看看那裡適不適合做為夏日冥思的地方。達賴喇嘛二世應他所邀，並在那裡做了各種祈福降祥的儀式。後來他在當

地又為人進行解夢,也讓其它喇嘛朋友做預言。由於各種跡象
都非常好,所以他在「地蛇年」(1509年)開始了建寺工程
(這是多年後的事)。

為了給讀者們導讀這首偈歌,我同樣地基於主題,把「取
悅世間之舞」分成五段。

第一段是傳統的開偈致敬歌。此地他同時向所有的靈修上
師及他個人的導師們致敬。他借用太陽的意象(比擬上師
們),從愛與智慧(上師們身、語、意的活動)的浩瀚空間中
普照而下,成熟了弟子(蓮花)的心。

在第二段裡,他反省當時西藏精神界所存在的一些負面元
素;另外宗派主義和物質考量沖淡了純淨的佛法教義。關於他
在這方面的不滿,無論在《自傳》或《傳記》中,都未提及任
何明確的事件。在《自傳》中只有簡單地敘述,「在那個時
候,拉薩地區有一些宗教衝突,在禪的指導下,我想(為了遠
離這些事)到某處山洞裡退隱。受到這些感受的啟發,於是我
作了這首歌『取悅世間之舞』」。

或許這裡他是在對當時哲蚌寺反對格魯派的強硬派活動而
發。我在第二章敘述到達賴喇嘛二世成為哲蚌寺的宗老後不
久,運用圓通的方法解決拉薩祈願大法會的爭議時,對於這方
面曾討論了一些。

在第三段裡,根敦嘉措談人類精神的困境,及獨自冥思的
價值。他警誡道,安逸使得眾生以人身轉世的靈修機會喪失;
他敦促我們應轉而修持內心的和平,以汲取生命的精華。

　　第四段被視為是整首偈歌中，關於曲科傑寺的預言。這間佛寺是他在傑麥托唐地區的退隱之所。他把這個地區比喻為一名帶著感官悸動的年幼處女；她心醉神迷地舞蹈著，河流和小溪是她飄動的手足，大自然的美妙是她的舞台。這種想像在一名年少和尚的詩歌裡流露著愉悅的風情。

　　在這首偈的最後一段，達賴喇嘛二世說明這首創作的背景：也就是自然即興寫成，不是應任何人之請。

　　這首偈以九音節的字句譜成，四句為一個完整的段落。有幾處是數個段落連結在一起，形成八行或十二行偈。在描寫曲科傑自然美景那一段中，偈句的長度仍然一樣，但段落的安排不再按照前述形式；然而一幅幅景象在字裡行間自然地鋪陳出來。我的安排方式完全以能舒適閱讀為本。

【致敬】

向諸位可敬的大師頂禮。

我以至誠向我的精神導師們致敬，

他們與金剛持佛長相左右。

在他們不可思議的、廣大無邊的證悟裡，

智慧與愛的陽光照耀無礙，

促使了蓮花弟子綻然開放與成長。

現在，請聽我這首歌！

瘋狂達賴

【對西藏佛教現況的反省】

在我們的時代裡，陽光般的佛法
以知識與慈悲的萬丈光芒
灑落在西方的山巔上。
教導開悟的蓮花園
一日日被逐漸嚴寒的冷霜襲擊著。

近日來那些自稱為世系導師者
只不過是追逐財富之蜜的蜂。
由於被妄念驅使，他們所謂的教法
僅比貓頭鷹的梟叫勝一籌；
而他們竟膽敢擠身於聖賢之列。

今日廣大多數的人們
似乎喪失了一切的常識。
他們沒有分辨是非的慧眼
於是在懸崖失足，跌落深淵。

有些人遭嫉妒的惡水毒害
一心只想著擊敗他人；
另外有些人，則中了瞋恨和偽善的毒，
爭想著狂言狂語，口無遮攔。
而兩者竟宣稱在護持靈修之路！

取悅世間之舞

唉！現今情況似乎是
在這塊四周雪山環繞的土地上，
狐狸和胡狼發出的尖叫
甚至比獅子吼還大聲。

在我們的時日裡，平凡無奇的石頭
被看作比如願的珍寶還有價值；
人們寧願選擇閃現的小螢火蟲，
而不要太陽的光芒。
在這敗壞年代的深淵之旁，
邪惡與黑暗籠罩一切；
即使佛、菩薩、諸聖賢也退避三舍
靜靜地繞道另往清淨之地。
僅僅一盞小小的酥油燈
擺在一陣狂風暴雨之前
怎能奢望照亮夜晚的黑暗？
同樣地，今日盡力維護證悟法門
的赤誠修行人們
將輕易地筋疲力竭，精力耗盡。

因此，在這暴力與衝突的年代裡，
退隱塵世，逃到一個獨自的沈思之處，
難道不是比較明智嗎？

205

瘋狂達賴

在那兒，人可以盡情地狂飲
宗喀巴喇嘛那瓊漿玉液般的教法，
他是看破今日一切眾生的第一明眼人，
無所不在如同佛陀本尊！

【人類的困境】
我們得到這稀有難得的轉世身
做為有能力達到究竟證悟的人類
這是千萬次善行所成就的輪迴；
但我們要記住，一旦憂慮世間煩惱，
人身將輕易喪失。
如果讓這種事發生，多麼無知啊！

即使是威震四方
君臨天下的帝王
也是虛空一如芭蕉樹，
結完一次果便枯萎而死了。
對於那些業力未消
內在妄念如故，未加馴服的人
再大的世間成就也枉然。

積習漸漸地會成癮
很快地便產生更多的挫折，而不是快樂。

因此，哪一個有智慧的人會沈溺於
世俗的誘惑，錯誤的淵藪？

對於一切製造妄念和痛苦的情況，
只消背對而去，走入深山
去追求專注的冥思，
這不是明智多了？
在那兒，一切大自然
使人頓時寧靜祥和。

【預言】
在輕輕搖曳的花叢裡，
小蜜蜂鳴著快樂的歌
跳著喜悅的舞。
杜鵑鳥也一樣
吟著優美的弦律；
還有迦陵頻伽鳥獨自快活地唧唧啾啾。

此刻，大地閨女真美麗：
在她的處女地上，溪泉結成泡泡的花環
笑聲不斷地在岩石上舞蹈；
她的果園裡充滿各種樹木
結滿了果實、花朵和樹葉；

在遠處，覆著白雪的山重重疊疊

山峰上罩著絲一般雪白的雲，

水晶般的冰河是它們的流蘇

如同藍色森林是它們精緻的裙子。

琉璃似的草地在下方展開來

像飛翔中的鸚鵡雙翼，

一朵朵的蓮花裝扮著它們，

野牛羊兒在斜坡上靜靜吃草。

那後方又圍著一排樹

把那賊，那心煩意亂鎖在外面。

這就是我獨處之地的妙境，

它是上天所送的花園，來啟發內在的喜悦，

在其中，人可以輕易地忘世間的八苦。

在此地進行冥思多麼快樂，

人可以細細品嚐凝神專注無誤的精美滋味。

坐在此地唸佛和頌禱密教儀軌

多麼愉快啊！

點燃喜悦和空的智慧之火

燒掉表相二元的木材；

薰習內在虛幻的身相瑜伽

使它與光明、空無的洞察力合而為一；

以智慧為鉤器，及感化力的善巧方便

拉動這個染污世界的輪子

進入至上不朽的喜悅妙地。

啊！能夠進行這些瑜伽多麼有幸！

【背景說明】

這就是文殊喜笑金剛的偈歌，

這悅耳歡笑的瑜伽行者、詩人、金剛，

他準備要效法古老的智者

把世俗的腐敗拋在腦後

在美妙的獨處中修行冥思。

這也是一位男子之歌，他

多少為今日大部份修行者的行徑

感到沮喪；他

生就擁有智慧的心靈力量，

生就有些高傲的男子。

我腦中烏雲密佈，大雨傾盆

裡面那隻龍翻騰不已，

雷電似乎已無可避免。

如果不譜就這首偈歌

我如何滿意地渡過這一天？

我似乎天生性情如此

瘋狂達賴

信手捻來都是詩句；

但我祇以善念而作。

我，歡樂悅耳的金剛。

03 按字母排列的詩兩首

作者序言：本章收錄兩首根敦嘉措的偈詩作品，叫做「按字母排列的詩」。這是西藏偈詩一種獨特的形式，每一行都是由按順序的字母做開頭。西藏字母包含三十個子音。這種詩作呈現七組半的四句結構，所以通常是六段的四行詩，加上第七段的六行。這種詩一般有幾行結尾的詩句，但它們並不依照字母順序的模式寫就。

為了趣味起見，我嘗試也按照英文字母的順序，把這些詩句加以改寫。想不到譯文反而更加鮮明。我可以說，西藏原文的味道恐怕也不出於此。（其中尤以字母X的挑戰最大）

由於西藏字母有三十個，而英文只有廿六個，為了加以彌補，在第一首詩中，我安排成二段四句詩，接續的三段落，每段六行。其餘的便不依行數限制了。在第二首詩中，我的彌補方式只是簡單地在起行時，重複一些開頭字母，但盡量以五行為一個段落。最後結尾有八行（不按字母排列）。有些西藏文的詩句翻成英文時不只一行，因此有些字母重複比較多次。

這兩首詩的語調可說南轅北轍。第一首詩較為嚴肅地介紹「空」的教義。這是佛陀的智慧教學，如佛教中觀（Madhyamaka）教派的先祖──西元二世紀印度聖賢龍樹菩薩（Nagarjuna）──所加以闡釋的內容。龍樹菩薩的傳法首要強調「虛無」的認知。也就是「假我」：即人和事物都是空無

瘋狂達賴

的。一旦能夠清楚了解這個假我，人便能夠記住：在概念形象上，假我既不是我，它和一個特定現象的整體也不可分割，因此人的心靈便可習於這種空無的意念。

達賴喇嘛二世標示第一首詩作為「空間的修行者」。如同他在前言中所述，這個名稱是他在構思「空無」的詩句時，為自己所取的。

第二首詩較為戲謔，並帶些輕快的氣息，不像詩作，倒像即興的塗鴨。但仍然不減魅力。詩中根敦嘉措使用賦詩筆名——「悅耳歡笑的金剛」。（或許有一天它的第一句可當作「立頓」或「布魯克——邦德」等茶商的廣告詞）

空無之歌

啊，在無始劫輪迴中流浪的朋友們，
如果你追求智慧的話，著手修行佛法吧！
深思這個「我」——這個「自我」的意涵，
運用你的精神去觀察它如何呈現。

把世俗的活動拿來進行孤獨的沈思；
細細地凝聚思維，讓這個
「我」的意象呈現出來，像
魚鉤上掛的魚一樣，穩穩抓住它。

譬如，審視一棵樹。
如同「樹」只是一種心理上的標籤，
它既不是真正那棵樹，也和其餘各部份無法分割；
同樣地，就像它的樹葉和樹枝，一切事物
都只是名稱的轉置和心理標籤。
龍樹菩薩和他的弟子們以此傳習佛法。

開闊的天際、森林、木車及一切大小事物，
部份或整體，沒有一樣真正獨立存在。
要質疑心靈中所出現的每一件事物，並
明瞭迷惑受誆的眾生，愚蠢如牛，
以謬知謬見看待一切事物，
這謬知見錯認一切事獨立存在。

無數的眾生出現於六道──包括
形形色色的動物；受寒熱折磨的地獄眾；
受飢渴、瞋恨所苦的鬼道；還有
人，神，阿修羅──
他們都不是客觀存在物。
要認真地培養這種超凡的認知。
哎啊！別再墜入貪婪的陷阱，
那是對真正存在的謬信所驅使，
還是仰賴於對物質需求節制

瘋狂達賴

瘋狂達賴

而滿足的心靈，

把精神用在靈修上，

沈思事物究竟本質的深度空性。

一隻驢的頭上沒有角；

同理，有什麼能真正存在？

從微塵到無所不知的開悟智慧，

一切事物根本沒有最終的本質。

這是佛的主要教義。

哈哈！不需仰賴詳盡的說理

人就可了解這一聲不朽的「啊」，

它是智慧的原音；

同時也明瞭事物只是心理的轉嫁。

這就是「空間的修行者」──南開那祖巴之歌，

我在草藥之鄉──西藏唱出它。

遊憩之歌

智者如我，泡茶為之樂，

瓊漿玉液，色似番紅花，

香氣襲人，唯樟腦能比，

盛茶之器，上選在細瓷，

飲茶相伴，步求智之道。

每個人都期望唱出婉轉的歌
悠揚地傳遍四方,
先飲一大口紫蘇葉汁;
再來幾杯茶,然後就像著名的
隱士魯依巴,你將很快獲得成就。

如同萬能的如來本尊所示,
在追求究竟智的路上,
保持心靈的眼,做為你無上的指引;
依潛入沈思之中,體驗空無的本性,
這是龍樹菩薩的教誨,去達到他的境界。

經書浩瀚難以計數,
要熟讀它們的深義,去
完成那修行之海,如六波羅密
眾生心盲如牛,讓他們踏上
通往般若、解脫與喜悅的道路。

解救眾生的渴求,
個人的犧牲,在所不惜。
努力創造必要的信心,
以智慧去面對隨之而來的挑戰,
克服愚者頑冥不靈的昏聵。

疯狂達頼

在修行達到穩固之前，
要重視簡單和知足的生活。
戴著學習、反省和冥思的瓔珞
發願成為這世上的珍寶；
如此果實將美妙至極。

一切事瞬間即滅，不值一物，
但，世間人卻視為至寶；捧為
黃澄澄的，那叫作做金子的東西。
一點沒錯，人們浪費生命，徒然在其間
尋覓寧靜，汲汲於抓住那終歸
會流失的東西。

啊！這就是我的字母詩，
如果你們真的在乎自己，就該
學學舉世無雙的我一樣。
哈哈！我又發出聲音吵個不停；
但這只是一首取樂之歌，
出自詩人——揚千雪貝多傑，即悅耳歡笑的金剛——
筆下的幾行閒詩。

雅隆山谷之歌

作者序言：雅隆流域位於拉薩的東南，沿著雅魯藏布江下游，垂直地與之銜接。穿透河谷的雅隆河在此注入雅魯藏布江，成為它的支流。以往雅隆是中亞最肥沃、繁榮的河谷之一，孕育出西藏早期的幾個王朝。事實上，西藏文明的搖籃應該是雅隆，而不是我們今日所認為的拉薩地區。拉薩直到八世紀中期，才達到凸顯的地位。

西藏神話告訴我們，數百萬年前在雅隆流域索當剛波（Sodang Gangpo）山上的一處山洞裡，一隻猴子和一隻山猿異種交配，產生了最早的六名西藏人（或許是最早的人類）。這六人繁衍下去，後來形成西藏古代六個部族的基礎。那隻先祖猴子就是慈悲觀世音菩薩的示現身；而牠的配偶則是觀世音菩薩的女性化身岩魔女（Tara），也是諸佛開悟的象徵。

西藏的第一位國王轟赤贊波也是觀世音菩薩的示現身，據說他曾是一名印度王子，由於畏懼自己的王父而逃離印度；他的父親是佛陀一名堂兄的後裔。根據傳說，他的父王對待他非常不好，因為這名男孩自一出生，便帶有許多不尋常的生理徵相。男孩逃入喜瑪拉雅山，最後抵達雅隆。那裡的居民懾於他不凡的相貌和人品，便於西元127年，推舉他為國王。西藏人初次遇到他的地方在雅隆流域的「天神下降山」（Lhabap Ri）。之所以有此山名是因為當他們問他從何而來時，他不會說西藏

217

瘋狂達賴

語，便比出聽不懂的印度手勢，手指朝上並扭動手腕。西藏人
誤以為手指朝上，意思是指他從天而降。他的名字聶赤贊波意
指「肩輿之王」，因為人們為他蓋了一頂木製的五面輿，把他
扛回村子裡。

聶赤贊波興建了外界稱為雍布拉康（Yambu Lhakang）的
雅隆城堡，達賴喇嘛二世在詩中所指的便是他。這座城堡被認
為是西藏最古老的建築，儘管它遭遇過好幾次的大火，但據說
屹立將近兩千年之久，直到1960年代才被中國人毀掉。1980年
代末，這座城堡又被重建做為觀光景點，不幸地，從沒有一棟
現代建物能夠取代古蹟文物。

從聶赤贊波以降，西藏中央即由他的王朝後裔自雅隆進行
統治，這塊領土在他們的管轄下歷經了好幾世代。傳到第三十
三世國王松贊干布（Songtsen Gampo，627-650A.D.）時，再度
被認為是觀世音菩薩的示現身。他是西藏王族中首位將佛教正
式定為國教的君王，並從雅隆遷都到拉薩，在那兒興建紅堡做
為他的王宮。（稍後，達賴喇嘛五世即以紅堡為基礎，建造了
布達拉宮）。在松贊干布時期，大部份的中亞高原，從拉達克
（Ladakh）到中國西部，都是在雅隆政府的統治之下。

達賴喇嘛在詩中同時提到的昌珠寺，即是松贊干布在雅隆
所建。這座寺的作用提供了雅隆地區的佛教需要。在松贊干布
所興建的一百零八處宗教性建築物中，昌珠寺是十二座壓制西
藏地神的佛寺之一，因此在風水術上具有獨特的重要性。百年
後，把輝煌的蓮花生上士引入西藏的赤松德贊國王，把這座寺

視為西藏三座主要的佛教僧院之一。其它二座分別是在拉薩的大昭寺;那是松贊干布為紀念他的尼泊爾籍妻子所建造;以及位於桑耶山谷的桑耶寺,這是西藏第一座僧院設施,由赤松德贊本人於八世紀中葉所建。

達賴喇嘛二世在詩中提到的楚津(Truzin)山,指的是這個地區與慈悲菩薩四臂觀音的神話淵源。楚津是梵文「布達拉宮」的藏文形式。楚津山位於印度南部,相傳四臂觀音曾在此山冥思多年。

這首詩的版權頁上記載:「佛僧根敦嘉措帕桑波駐留於察瓦竹(Tsawa Dru)時,應南索南謝巴與索嘉華之邀所寫。」然而,我們從他的《自傳》和《傳記》中可知,這首詩透露了他的生活型態。根據《自傳》,在「野兔年」(1495年)的第九個月,名為瓊結多傑策騰(Chogyal Dorjey Tseten)的瓊結流域國王請求達賴喇嘛二世前往該地區教學。(這次的邀請是由達賴喇嘛一世的弟子班欽丘克哈歐德薩瓦所愍恩。我們在第二章曾介紹過)瓊結河谷的地理位置乃從南部注入雅隆河。達賴喇嘛二世和哲蚌寺的住持討論這項邀請,住持建議他再待在哲蚌寺一年完成學業後,第二年再前往。他接受了這項建議,於是才在「火龍年」(1496年)的春天,啟程進行一趟教學之旅。

首先他前往桑耶寺朝聖,接著到雅隆的首都澤當,在那裡公開為民眾開示數日。他在澤當時,從察瓦竹捎來一項邀請,於是他便應邀前往教學,沿途並拜訪雅隆的昌珠寺。本詩的版權頁中提及,這首詩即是他在駐留察瓦竹時所寫。因此,我們

瘋狂達賴

可以測知它大約是在1496年時完成的。

這首詩以九音節的句子譜成,以四行為一個段落。有好幾個地方,兩個段落合在一起,形成八行偈。

詩一開始為包含三組兩種彼此趣味相關的意象,即:空中的月亮,水中的鵝及智慧中的信念。接著他提到慈悲的觀世音菩薩與雅隆山谷無始劫以來的淵源,以及前文所提猴子的故事,及初期幾位國王的事蹟。在第三段偈文中,他開始讚美雅隆本地。

在詩中所提及的這次開示,在其《自傳》中並沒有明確記載,可能因為那是一次對大眾非正式的一般性公開談話。詩中描述到「急切地共襄轉法輪的盛會」的龍王(nagas)是神話中的神靈,當祂們高興的時候,會保佑人間繁榮興盛。如同達賴喇嘛二世在詩人所說,當龍王心情好時,祂們的瓔珞王冠會因興奮及精神抖擻而震動,由此所釋放的精力形成大豐收,為雅隆山谷的農人帶來好運道。

在詩的結尾時,他渴望和平能降臨各地;並希望眾生能達到法身—即開悟—的境界。

向智慧第一的文殊師利菩薩致敬。

在萬里無雲的空中,明月放光,

在水中,群鵝嬉遊,

雅隆山谷之歌

對智慧女神辯才天女擁有信心：
願這些自然的結合普行各地。

慈悲菩薩四臂觀音憐憫的光芒
長久地照亮了大地的臉龐。
祂的光特別明亮地照著西藏，
這片包圍著雪山的土地，
處處花兒、聲名遠播的西藏。

雅隆山谷，世間的裝飾物，
它是天上落入凡間的一塊地。
我們的帶箭處女把西藏榮耀的故事
帶到世界頂峰的色究竟天。

壯麗的雅隆，天上仙人筆下
畫出的仙境妙地，
森林裡常響著清涼的微風，
綾線柔軟飄動如手中的線條；
美麗的城鎮、村莊、及寺院
如珍珠般美妙地排列；
田野如長尾小鸚鵡張開的雙翅
似珠玉般結實累累：
唉，它彷彿是不朽國度

瘋狂達賴

在這塊北方之地重現風采。

此地，在楚津山側，
所有世間出世間一切善事
都以這一座壯麗的靈性花園示現，
堂皇的寺廟、修院如
印度境內的佛寺那般莊嚴。

在這神聖至極的山景之前，
聳立著壯麗的雅隆城堡，
它的牆迸射出輝煌的光，
彷彿是神匠從滿地珠玉珍寶的塵土上
造出的一座城市；
還有那昌珠寺立在城堡前，
這寺是慈悲菩薩四臂觀音智慧的莊嚴示現。

在寺的西方，火的方向處
坐落著繁榮的喜悅之城札西剛，
它是眾神仔細挑選與安排的禮物
送給這世間的福祉；
城裡房舍彷彿珠玉鋪成，
園林如天上的散步之道；
它的土地以綠草為毯，青如琉璃；

雅隆山谷之歌

上面點綴著繽紛花朵，繁密似網；
頭頂上有彩虹在空中舞蹈，
媲美著更高的天界光彩。

飄散香氣的蓮花田
如一塊塊綢緞似的分佈著；
眼珠如羚羊般的美麗少女們
漫步在結滿香甜果實的樹下；
其樹枝伸展如同在指示人們
加入歡樂的喜悅節慶。

我，佛僧根敦嘉措，坐在此地
為了把浩瀚深奧的佛法
教導給這一群虔誠的真理追尋者，
我的開示寶座莊嚴地設在
一片平坦水晶巧妙鋪成的輝煌中。

多麼美妙的一景，大家來參加
這轉法輪的盛會！
連龍王本身都急切地共襄盛舉，
祂們的珠玉寶冠因期待和喜悅而抖動著。

這項功德的善力廣披，

瘋狂達賴

223

福德披著果園，結實累累，
使果子成熟，帶著所有甜美的滋味
瓜熟落地如雨滴，
把芬芳如仙果的快樂帶給每一個人。

藉著這盛會的功德能量
願良善與和諧的年代永誌不朽；
願人們充滿和平與快樂的寶藏。
達到身心兩者的極境。
願我們永遠不與開悟的導師分離；
願我們所有人都找到喜悅之城的路──
也就是圓滿般若的法身境界。

05 飛來飛去蜜蜂之歌

　　作者序言：接下來是達賴喇嘛二世前往札里（Tsari）朝聖的敘事詩。這座聖山位於西藏南部，靠近現今為印度邊界的阿薩姆（Assam）附近。在古代印度的佛教時期，札里被視為精神力量的廿四個地方之一，並因此被列入赫魯嘎勝樂金剛密續中。這廿四處地點有許多都位於西藏境內的喜瑪拉雅山地區（包括恆河源頭岡仁波齊山、身毒、蘇布列及雅魯藏布江等河）。

　　這首詩的版權頁提供我們它創作時的背景：「這首敘事詩〈飛來飛去蜜蜂之歌〉是應南帕索南列巴和諾藏索加瓦之請而作。他們兩人是來自涂魯達（Druda）的佛教弟子，信心與智慧宏大。他們請求我，就穿越達波前往札里地區東訪及行善的活動做一首佛法偈。所以這是詩人根敦嘉措帕桑波駐留在壯麗的甘丹卓林僧院時隨手寫就的詩。」

　　了解詩是在甘丹秋林僧院所寫，多少有助於我們推估它的日期。在「木鼠年」（1504年）的春天，達賴喇嘛二世駐留在「艾」區（Eh）為當地人士開示，當時有一個來自涂魯達的代表團抵達該地，極為懇切地請求他能造訪達波，並前往札里進行一次開示性的朝聖。他應允該請求，在中途並接受一座剛落成的新僧院為供奉。達賴喇嘛二世命名它為甘丹秋林，在駐留其間數日時，為當地民眾進行開示。稍後從札里返回後，又再

瘋狂達賴

度在那裡停留。這首詩就是夏季末他回程第二次駐留在甘丹秋林寺期間所作的。

　　這裡或許有必要對詩中提到的幾個地點和人名，做一點前後關係的說明。達賴喇嘛二世就是在「艾」區（在《自傳》中稱為Ehchok；在《傳記》中稱為Yechok）開示時，接到前往札里的邀請。艾地區位於雅隆山谷的頂瑞。松贊干布國王在西元七世紀中葉從雅隆遷都到拉薩後，有好幾位他家族裡的重要成員便是移居在此地區。很快地此地便成為重要的文化和精神中心，及大部份佛教活動的中樞。在此之前幾年，達賴喇嘛二世在每年的春季開示及朝聖之旅中，已到此地教學過好幾次。當時他所駐留的香波（Shampo）山是雅隆曲河的源頭。

　　達波位於雅隆的東部。旅人要前往該地，必須溯雅隆山谷而上，然後向南橫跨，進入沃卡山脈。達波地區另一件有名的事是，密勒日巴的大弟子岡波巴於七世紀中葉在此地出現。岡波巴所建立的僧院後來成為馬爾巴所流傳下來達波噶舉學院的濫觴。馬爾巴和密勒日巴兩人都是在家居士，但密勒日巴的大弟子卻是和尚，即歷史上所稱的岡波巴。他的出家名字叫道休奴（Daod Shunnu），或稱「年輕的月光」。達賴喇嘛二世提及在達波所造訪的，就是岡波巴的塑像。

　　在《自傳》中也提到，達賴喇嘛二世在那裡時，「被請入坐岡波巴的開示寶座，並恭請他講述莊嚴的佛法。」其中又說，在注視那尊塑像時，他陷入一種恍惚的狀態，看見了岡波巴。這尊塑像以栩栩如生酷似岡波巴本人聞名，在西藏的塑像

風格中極罕見。以往西藏人塑像時，所有的臉像做成類似一尊佛的「純粹形貌」。達賴喇嘛二世提到的岡波巴山是岡波巴僧院達瓦卡寺（Dvaklha Gompa）的所在地，該像一直安放在這處佛寺，直到1960年代中期才遭到中共軍隊毀壞。

達賴喇嘛二世在詩中多次提到的聖山歐底貢加（Odey Gunggyal）是西藏中央最高的山脈之一。它位於上達波地區，麥托唐山谷的西部。在西藏佛教的歷史上，進行山洞冥思的修行者最喜歡此地。

我認為，他們一行人向東及向南「成功地涉水而過」的赤河（Lohita），應是最終注入印度的雅魯藏布江的支流。

札里察（Tsaritra）就是札里的另一個名字，這座聖山是他們朝聖的目標。達賴喇嘛二世顯然認為他們抵達該地的時機是一個吉兆。因為那個月，地方上正在紀念佛陀當年於印度南部善見城塔（Dhanyakotaka stupa），向首次頭一批弟子講述時輪密續。

詩中提到，他從札里回程時去拜訪麥托唐，所指的一定是上達波地區傑區的麥托唐山谷。離開那裡之後不久，他便開始建造曲科傑寺。對此佛寺，他早已作過多次的夢境、獲得許多示現和預言。

如同前一首有關雅隆山谷的詩作一樣，這位年輕的佛僧在詩中再度引用相當醒目的性感語言，如「處處花海閃耀著珠顏玉色／團團隆起如同處女的雙峰……」這段顯然是他最富感官訴求的表達之一。

瘋狂達賴

227

瘋狂達賴

　　有一行敘述「……一支強有力的邀請之箭抵達…」指的是一種西藏習俗：藏人在寄信之前，會把信捲在一塊木頭上，有時捲在一支箭上，然後再交給旅人或車隊帶往它的目的地。

　　這首詩歌清晰地呈現出當時達賴喇嘛二世年輕時的生活風格：即時常地往返各地教學，極為滿足於自我與他週遭的世界；他對自己具有信心，對於身為外界注目的角色也能自如以對。從詩中，我們也能一窺當時的西藏生活景況。在那裡，一名著名喇嘛的造訪可能勝過其它莊嚴的場合，而被視為舉辦節慶的時機。或者用達賴喇嘛二世的話說，那是「…青春的孔雀舞蹈和布穀鳥歌唱的時候……」。

　　事實上，這項傳統一直延續到今天，達賴喇嘛和中亞人民的關係仍是如此。每當他到拉達克、蒙古或吉努爾（Kinnaur）這些地方拜訪，進行教學或開示活動，總有數萬名狂熱的信徒從山上下來，在他駐留的一、兩周期間，紮營於他的四周。他們常於夜晚時，在他住的地方圍成一個圈圈，為他歌唱舞蹈直到夜裡。

　　若聚集的地方較容易抵達，如印度的菩提迦耶（Bodh Gaya），則會出現更多的民眾，數目通常達到數十萬人之多。這些人在白天時安靜而專注，但一到晚上便如嘉年華會般熱鬧。當地的印度生意人利用這些盛會的歡樂氣氛，常常連摩天輪和旋轉木馬都搬到現場。達賴喇嘛二世顯然很樂見西藏宗教文化這種歡樂的一面，因此不吝於表達他的喜悅心情。

　　這首詩的開頭向辯才天女（Sarasvati）致敬，她是所有開

瘋狂達賴

悟者智慧的象微，其智則表現在詩歌和音樂中。如同滿月時普照一切眾生，她鼓舞眾生藉著文學和表演藝術而達到開悟。她的藏文名字叫做揚千瑪（Yanchenma）；這裡「瑪」的字尾使這個字變成女性名詞。我們在前文看到，達賴喇嘛二世也取了一個這字的男性名詞揚千（Yangchen），把它加在他父親在他幼年時所取的雪貝多傑之前——意為「喜笑的金剛」，這些加起來成為他最喜歡的筆名揚千雪貝多傑——意為「悅耳歡笑的金剛」，在許多偈詩作品中，他常以此署名。

向辯才天女致敬，女性的智慧菩薩，
所有追尋開悟者的冠上珠寶，
她神祕的舞蹈形式，如滿月般，
光芒普照一切方向。
願她的善跡充滿各處。

此身所在，居處於艾地之傍，
我專注於追求冥思
在香波山，這一座聖山
堪比岡仁波齊山的壯麗。
一支強有力的邀請之箭抵達，
邀請我前往教學。

瘋狂達賴

因此我，做為一名佛法訓練嚴謹的年輕僧侶，
便跳上人們的願望之轎，接受了。

首先，我們向東前往著名的達波，
這是天堂掉落凡間的一塊土地，
她那常綠的森林如絲質的披肩
輕輕地在冷冷的山風中顫抖著。

我們順利地涉水渡過赤河，
接著夜晚神奇地爬上我們四周，
在我們靠近達波貢德傑時，
月亮和星星變成天空中的一條項鍊，
而這是一處沐浴在珠光中的天上花園。

此地，無數渴望靈修的人們聚集，
追求心靈的狂歡，
就像擠在蜜蜂窩裡的一大群蜜蜂；
而我的任務是從榮耀的阿底峽——
一切上師中最偉大者，
從他的中心教義裡
供給他們蜂蜜的滋味；
這首佛法的旋律可使他們的
智慧力量綻然開放。

如此談佛論法將達到世界巔峰。

難以計數的智者從各處而來，

如走下湖泊那一群群的鴨子，

戴著多年冥思的花環，

散發靈修路上的知識。

他們發現，自己處身於一處充滿神靈的場所，

無論男人女人，都戴著信心的神奇珠寶，

並懷著對靈修之路的愛。

起初，我仍猶豫是否接受請求

在這場盛會中教導人們；

但我記得恐懼和猶豫

乃意味著黑暗時期的接近，

於是我欣然投入這項工作。

接著，我們再度向東啟程，朝那力量的方向，

直到最後抵達千由，

那裡，著名的白色旗幡高高飛揚，

如同一處美妙佛土的小鎮，

人民富裕非常，

甚至勝於富裕的神。

在那裡，人們極力厚待我

作法猶如最偉大的佛教護法。

而我，則極盡所能教導他們

通往受益和喜悅之道，

並用真理的藥油為他們塗抹。

之後，我們前往

岡波達山進行朝聖之旅，

在那神聖的地方，修行者道休奴

清涼的降福無所不至，

彷彿是萬里無雲中的月光；

在這一處有力量的地方，無數的冥思者

精進地修行而獲得覺悟。

在這最美妙的背景中，

這一處甚至可與神奇的烏金國比擬的地方，

坐著一尊巧奪天工的雕像岡波巴

栩栩如生似真人；

它的美令人無法抗拒，

使我的視線無法離開它。

唉！這股開悟的力量清晰無比

如同活生生地擺在眼前。

接下來，我們朝土星的方向而去，

跨越了河流，進入札里察；

飛來飛去蜜蜂之歌

這地方好似空行母的淨土。
它的中心涂魯達鎮
在那裡像一只寶石般，好像是造物者大梵天
從祂自己的天國裡掏出來似的，
小心翼翼地安放在這個凡間。
我們第一眼看到這莊嚴的景像
彷彿啜飲了天上瓊漿玉液的甘醇。

我們吃驚地望著那美景
那只在仙境中才存在的；
我們覺得，這彷彿是個完美的世界
神祕地從天上降臨人間
並引導進入一個黃金時代，使
萬物肉體與精神和諧平衡。
我們在一次神聖節慶中抵達，
這是年度的神祕佳節，
慶祝佛陀教導般若波羅蜜
同時以密續的形式顯現
置身於善見城塔之下
來教導時輪密續這經教之王。
此地如同因陀羅的花園，
成群的年輕人如閃電般舞蹈
歌聲悠揚勝過眾神。

瘋狂達賴

許許多多的僧、尼及在家修行者
聚集在此，遮蓋了土地的臉龐
如同一塊清涼的香膏塗抹在身體上。
無數的國王、族長也齊聚於此
高舉他們堅決的旗幟
以創造一個同時啟迪身心的世界。

為了今生有幸到這裡的人，
「大道」的洪鐘已響起
靈修的討論開始暢流
彷彿治療藥之於渴望的耳朵。

這座鎮本身，彷彿也映照出
神仙筆下的妙境：
處處花海閃耀著珠顏玉色
團團隆起如同處女的雙峰；
成列的果樹結實累累
優雅地垂吊著，如弦上的珠玉；
極目望向四處
盡是天然森林的微笑臉龐。

最後，從札里的回程中
為了再次目睹大荒野，並欣賞

雄健的孔雀跳舞及野杜鵑歌唱，

偕著幾位幸運的朋友同行，

我們前往那與眾不同的地方──麥托唐

它的大地覆蓋著各色的花海為衣。

我們注視著，沈醉在這片大地

美好與喜悅的愉快表情裡。

踩著朝聖的足跡，我們的風塵

為歐底貢加──這喜瑪拉雅山脈的寶冠上了色

然後轉向家鄉雅隆的路途

那西藏的肚臍和心臟地帶，

它那著名的花海是閃亮的裝飾

愉快地點綴在任何一位仙女的耳朵上。

這就完成了我這首札里行的朝聖之歌

──那古老以來的聖地。

我以如下的祈禱作結：

佛尊阿底峽──這位追隨諸佛菩薩者，

願自他以來的傳統，發出千萬個太陽的光芒，

照耀這片濃密森林的大地，直到天荒地老。

疯
狂
達
賴

06 看見宗喀巴喇嘛有感

作者序言：原文的版權頁說：「這首偈歌是根敦嘉措帕桑波在昌珠寺進行沈思退隱時，在視覺上看見宗喀巴喇嘛之後所寫的。」如同在前面兩首詩中提過的，昌珠寺是松贊干布國王於八世紀中葉所建造的佛寺，地點接近雅隆山谷，接近雍布拉康（Yangbu Lhakang）宮，它是西藏第一位國王聶赤贊波的宮殿。

根敦嘉措年輕時在昌珠寺看見宗喀巴喇嘛的經驗，啟發了這首佛法偈的創作。在《傳記》中提到，這件事發生在火蛇年（1497年）。那年春天，瓊結的國王邀請達賴喇嘛二世到該地的「虎峰隱廬」教學。之後，同樣在這位國王的支持之下，分別到千耶、澤當及桑噶等地巡迴教學。《傳記》中記載，當他抵達昌珠寺時，這位國王贊助他主持一次大型的儀式，達賴喇嘛二世便是在此時經歷了宗喀巴喇嘛的示現，於是寫下這首歌。

事實上，達賴喇嘛二世自童年起，便多次見過宗喀巴喇嘛，這只是其中的一次。對此，在前文第二部份的導言中，我曾討論過其它幾次。再者，將近十年前當他在札什倫布寺閉關修行文殊菩薩法門時，他就已經遇過好幾次這種示現。關於當時情形，《傳記》中說他「……釋放了數百次前世的記憶。」另一次的發生是他在哲蚌寺的第二年，當時他和他的上師蔣陽烈巴邱卓造訪熱振寺。在那一次，他在一個視覺夢境中看見宗

喀巴,並目睹自己坐在一個弘法的寶座上,他的哲蚌寺上師在他的右下方,他的色拉寺上師在他的左下方。從夢境醒後,他有些困擾,因為依照印度和西藏的傳統,坐的比老師高是一件不得體的事。後來他跟幾位資深的喇嘛談到這次經驗,他們告訴他,這個夢是一種預言,預示有一天他將成為哲蚌寺和色拉寺兩間寺院的住持。

在這首詩的每個段落中都包含如下的重複疊句:「哦,宗喀巴喇嘛,無可比擬的良善上師/為這名無信仰的乞者,啟發真理的思維。」此地使用「乞者」這個字眼乃西藏語對和尚的戲稱,原文為gelong,意指「靈修的乞者」。在古代印度,僧眾所賴以為生的,是每天早晨拿著托缽到鎮上去沿戶乞食,以便得到每日一食的食物。直到今日,許多佛教國家仍留有這項傳統(特別是緬甸和泰國)。西藏和其它中亞國家並沒有遵循這種乞食的傳統,可能是因為人口稀少分散和氣候極端嚴峻。詩中提到他自己為「一名瘋狂的托缽和尚」,如同他在前言中的說明,以此形容是起於對空無的冥思有感而發,意味著他是一名熱愛神祕狂喜的人。

一般而言,這類內文的創作,乃供弟子們在冥思期間的開始或結束時使用,其以一種結構性的模式,做為省思佛教修行核心主旨的方式。同時它也做為針對個人上師的祈禱文,以宗喀巴為形象化的寄託,來啟發那些主旨的整合。最後,它的作用也是提醒冥思者在修行時可能犯錯,並鼓舞他們進行悔改。

看見宗喀巴喇嘛有感

向神聖的上師們致敬，一切諸佛

知識與慈悲的化身。

哦，宗喀巴喇嘛，無可比擬的良善上師，

他的心與一切諸佛不可分割，

他的身示現於無數形貌，

他的言語流出不斷開示的雨，

流入這名心靈脆弱的和尚的心裡；

為這名無信仰的乞者，啟發真理的思維。

慈愛的導師，用慈悲來看顧我；

良善的寶藏，我把希望寄托於你。

不知道今生今世，您就是我一切

靈修進步的源頭，

過去我四處地追尋，而徒勞無功。

過去，我不信任您的教誨，

如今我看到自己生疑的愚蠢。

回顧起來，我明瞭這是一種跡象

顯示我的心遠離正道。

哦，宗喀巴喇嘛，無可比擬的良善上師，

為這名無信仰的乞者，啟發真理的思維。

瘋狂達賴

瘋狂達賴

當心靈因強烈的外境而分心

被瞬間即逝的生命事物所吸引,

也許一個人的外在技巧

熟於進行靈修的動作,

但心靈並沒有確實連接真理。

瞥一眼內心真令人失望。

未能覺察無常是一種跡象

顯示我的心遠離正道。

哦,宗喀巴喇嘛,無可比擬的良善上師,

為這名無信仰的乞者,啟發真理的思維。

由於執著財富與他人的尊敬,我們

不斷陷入空洞的活動中,

使寶貴的人生悄然溜逝。

這種外在的姿態只是一種藉口,

人們聰明的言談也只是一種欺瞞的工具;

我們聰明反被聰明誤,

使得靈修訓練淪為模仿而已。

這是心靈遠離正道的跡象。

哦,宗喀巴喇嘛,無可比擬的良善上師,

為這名無信仰的乞者,啟發真理的思維。

一旦徹底了解業因法則

看見宗喀巴喇嘛有感

及三惡道中不堪忍受的痛苦，
我們便不會再汲汲於控制生命，
而是使自己能淡然處之。
我們就像屠宰場裡的羊，
眼睜睜看著周遭朋友一一被殺
還兀自無法覺醒於現實的情況
直至輪到自己成為斧下肉。
自以為聰明狡猾的你，
難道你不像是被惡魔附身嗎？
對此毫無所知，這個困境
就是心靈遠離正道的跡象。
哦，宗喀巴喇嘛，無可比擬的良善上師，
為這名無信仰的乞者，啟發真理的思維。

即使是最上一層天的眾神
被賦與了一切的樂趣與財富
總有一天也須拋下身後的所有
獨自去穿越那死亡關。
哦，貪婪的人，沒想到死亡，你花盡
所有的時間取悅親友
追求財富、產業及權力，
從不考慮你是否真的需要它們。
人們永不滿足，執著於世俗的成功

241

成為一條鎖鍊，綁縛我們走向挫敗。

這是心靈遠離正道的跡象。

哦，宗喀巴喇嘛，無可比擬的良善上師，

為這名無信仰的乞者，啟發真理的思維。

那些終生渾沌度日

未曾修行使內在靈魂成熟的人，

當死神前來吞噬我們時，

惡業的嚎叱之風

將狂力吹掃，將我們重重地

吹落懸崖，滾入可怕的三惡道中；

我們揹在背上的惡業，

自無始劫以來，一直在往生時聚集，

它們就如同龐大的群山之王一般重；

因此，是否能免於墮入惡道的命運，

我們連一點芝麻大的自信心也沒有。

或許我們執著於財富和所有物，

呼朋引伴，親友無數；

但到頭來，我們必須兩手空空，獨自

走入未來那無垠的隧道。

若每一刻沒有這種覺醒

便是心靈遠離正道的跡象。

哦，宗喀巴喇嘛，無可比擬的良善上師，

看見宗喀巴喇嘛有感

為這名無信仰的乞者，啟發真理的思維。

在三道中徘徊的每一個眾生
在某次過去世中，都曾是我慈愛的母親；
然而他們不斷遭到折磨的痛苦
我卻似乎無動於衷。
這是心靈遠離正道的跡象。
哦，宗喀巴喇嘛，無可比擬的良善上師，
為這名無宗教的乞者，啟發真理的思維。

神聖的靈修上師，無論什麼命運落在
這名無信仰、瘋狂的乞丐僧身上，
我將全部的希望寄託於您。
您的慈悲不要拋棄我；
將俗世至高的力量注入我的靈魂。

至上無雙的精神導師，您唯一的工作
便是引導眾生開悟；
我一點也不疑惑，您終將也會
引導我到達那最高的境界。
但在我成就之前，請密切地關照我，
以免我落入悲慘的境地
我不確定自己是否有力量克服一切。

瘋狂達賴

所以請讓我看見您那發光的面容
為這名無信仰的瘋乞丐僧指出路徑
引導他走向那喜悅的兜率淨土。
請落下廣大深刻的佛法之雨，
砍掉我心中的自執之根；
啟發我達到您那開悟的境界。

透過您的愛心，哦，上師
我感動地唱出這些偈歌；
當我想到您，內心便澎湃不已
忍不住便抒發為歌：
我，來自前藏的一名無信仰的隱士
我就是瘋狂的乞丐僧根敦嘉措。

透過您慈悲的行止，哦，神聖的上師
願一切真實的知識能夠完成；
願開悟活動的千道光芒
能現前啟迪智慧的光。

244

07　為死亡做心理準備的冥想詩

作者序言：在接下來這首詩的末段裡，達賴喇嘛二世告訴我們作品所誕生的地方，以及他為什麼要這麼做。詩中說：「一名來自遠方的虔誠弟子／請求一首靈修建議的歌，／我以淺顯易懂的文字寫成，／願在死亡時能利益於他。／因為他如此堅定地請求，／我，瘋狂的乞丐僧根敦嘉措，／一名來自前藏的流浪者無法拒絕，／於是在耶巴寧波神山寫下這些詩句。」原文同時還附上一則簡短的版權頁，上面寫道：「為瓊吉嘉沃所做的建議偈歌。」

這首偈歌的對象是一位叫做瓊吉嘉沃的和尚，在《自傳》中並沒有提到這個人。但在《傳記》中，他曾經出現過。年輕的達賴喇嘛二世在札什倫布寺即位法王，成為嘉華根登竹巴的轉世身後不久，曾經敘述到這件事：「……一名來自厄登的和尚來見他，獻給他一份供養，並請求他的開示。」那時達賴喇嘛二世才十二歲。

然而，他並不是在這個時候，為來者寫下這首靈修的開示偈歌。就如同結尾的詩句裡所敘述，它是達賴喇嘛二世住在耶巴寧波神山時所創作的。我們在第二部份的導言裡可以看到，他直到鐵猴年（1500年）才到耶巴去，當時他廿五歲。那年的春天，達賴喇嘛二世決定到阿底峽和他的弟子們時常去的地方進行一段時間的冥思。因此他啟程前往耶巴，沿途並在甘丹

寺、達卡及桑阿卡等地進行開示。他於初夏時抵達耶巴，在那裡隱居了兩個半月，從事冥想與寫作。很有可能就是在這個時候寫下這首「為死亡做心理準備的冥想詩」。

在藏傳佛教裡，關於死亡覺悟是靈修道上的一個基本課題。這種覺悟的養成並非起於病態的偏見，而是被當成一種強化和平衡生命意義的力量。如同古老的噶當巴俗語所說：「一醒來沒有立即沈思死亡，有浪費早晨之虞；中午未沈思死亡有浪費下午之虞；傍晚未沈思死亡，有浪費夜晚之虞。」意思是說，一個人在白天時忘了夜晚，若能沈思死亡，便可使人具有遠見，行事周全。

這首詩一開始，以傳統的致敬偈起頭。接著便建議瓊吉嘉沃，如果他希望功德深刻到足以隨著本人穿越死亡之門，那麼該如何度過有意義的人生。詩句的語言簡單而實際，訊息清晰明瞭。

在結尾偈中，達賴喇嘛二世提到兜率淨土。我們在第二部份的導言中討論過（在敘述達賴喇嘛二世建造彌勒佛黃金塑像時），一般在格魯派中，特別是達賴喇嘛一脈，兜率天是很通俗的話題。由宗喀巴所建的第一座寺院甘丹寺，後來成為格魯派制度的根，它的名字便是取自兜率天（梵文的「兜率天」翻成藏文便是「甘丹」）。再者，我們在達賴喇嘛二世出生的敘述中看到，據說達賴喇嘛一世過世後，他使自己投射到兜率天，在那裡遇見彌勒佛、阿底峽及宗喀巴，他向他們請教該投胎何處，以便繼續開示人間的任務。宗喀巴以一種預言的方式，從

為死亡做心理準備的冥想詩

兜率天丟下一朵白花到人間。這朵花降落在達囊多傑登，結果
達賴喇嘛二世便出生在此地。達賴喇嘛一脈與兜率天有關的類
似神話，往後亦不斷出現在後面好幾世輪迴轉世的達賴喇嘛身
上。

達賴喇嘛二世在這首建議詩的尾端，指他自己為「從前藏
來的流浪者，瘋狂的乞丐僧根敦嘉措」。他的出生地達囊多傑
登就位於藏省。隨著歲月過往，以後他在作品中常簽下「瘋狂
的乞丐僧」為名號。

向父親般的上師宗喀巴喇嘛致敬，
他從大虛空界中
散發他神奇的力量，示現
遍無數的虛空法界
應世間需求，化各種身。

這一世與下一世，一切喜悅的根源
乃透露大光明路的那位精神導師。
如果你以真誠的心親近他，
尋常和至高的力量將無由而生。
人身難得今已得
輪迴人身易失去，

瘋狂達賴

不要分心在無庸的努力上；
轉而導向開悟之道。

世間唯一真正可依賴者
便是最珍貴的皈依三寶：
佛、法、僧。
發自你的心靈最深處，
日夜不停地繫念它們。

即使一件似乎微不足道的惡行，
都會在未來產生大痛苦；
現在就發自你的心靈最深處，努力
超越諸惡行，培養諸善行。

大光明道的根和基礎據說是
達到至高開悟的願力
以便利益無數的眾生。
盡一切力量這麼想
並超越它的對立面──我執之心。

正因一切事物攀緣而存，
一切事物本性為空。
學會這麼看；並了解世間事

為死亡做心理準備的冥想詩

本是虛幻一場,如魔術師變花樣。

無論我們擁有什麼財富,
它們只會強化執著的鎖鏈。
因此養成布施的精神
那使人樂善好施,不求回報。

臨到終了,沒有一件在世間獲取的東西
可使我們免於墮入悲慘的懸崖。
記住這點;還有,那貪婪的死神
不停地吞噬一切眾生。

當死亡來臨時,願你能夠穩住
心靈,保護你自己
到達那喜悅的淨土──兜率天。
在那裡,願你坐在受諸菩薩環繞的
彌勒佛──十地的導師──之前;
聆聽他開示出世的智慧。

透過身、語、意的靈修努力
無論產生多麼殊勝的能量,
把它們都貢獻在這至高無上的目標裡。
沒有時間再耽擱了;

249

瘋狂達賴

不要淪於怠惰或冷漠。

一名來自遠方的虔誠弟子
請求一首靈修建議的歌，
我以淺顯易懂的文字寫成，
願在死亡時能利益於他。
因為他如此堅定地請求，
我，瘋狂的乞丐僧根敦嘉措，
一名來自前藏的流浪者無法拒絕，
於是在耶巴寧波神山寫下這些詩句。
願熱切追求靈修的弟子們
受啟發而達到開悟與喜悅。

悟道之歌

08

作者序言：關於這面這首偈歌的版權頁上只簡單地陳述道：「為一名親近弟子蔣巴扎巴所寫的精神戒律。」其它時間、地點都沒有說明。

在《自傳》中提到這首詩的創作對象蔣巴扎巴。在少年達賴喇嘛二世被逐出札什倫布寺時，這名弟子對達賴表現同情，因此受邀成為他的隨從，跟他一起到哲蚌寺去。《傳記》中也提到他跟達賴喇嘛二世離開札什倫布寺時的關係。《傳記》裡記載他的名字叫索奔（Solpon）蔣巴扎巴。在藏文裡，索奔是對隨從的敬稱（索奔，藏文義為「司膳」，即大上師的御廚。）。在一般意義上，他並不是一名僕從，比較像是年長的守護者。在這兩本身世著作裡，後來無論達賴喇嘛二世在哲蚌寺駐留期間，或旅行他處時，都沒有再出現這個人的名字。

這首偈歌帶有非常個人情緒的色彩，也具有噶當派和格魯派喇嘛們所謂「建議式作品」（Lam Rim）獨特的風格和架構，也就是強調不只要學習佛教的教義，而且要透過單獨的冥思，實際在行動上落實做到。文中有好幾個段落暗示，蔣巴扎巴當時正準備開始一次長時間的閉關，特別是以下這幾句：「…最好到山上去／日夜進行冥思，／無論得到什麼食物都存歡喜心。／照這麼做，否則你會後悔，蔣巴扎巴」我們可以想見，對於一名被認為在寺院中端茶侍候點心的隨從，喇嘛是不會為

瘋狂達賴

他寫這種詩歌的。

　　達賴喇嘛在開始的偈詩中所提到的金剛持佛是密宗法寶，釋迦牟尼佛在其中詳細解釋金剛乘，特別是無上瑜伽密續。這暗示蔣巴扎巴曾從達賴喇嘛二世那裡得到這類密教的啟蒙，並進行閉關以背誦這種特殊法門相關的經典。他所使用的悉地是一個密教的用語。所謂世俗的悉地指的是八種神通，例如飄在空中、穿牆等等之類的。最高的悉地是大手印，即大樂和空性的智慧。

　　這種西藏偈歌的風格具有旋律性並扣緊節拍，表示作者希望這名弟子能用這種節拍進行每日的背誦以熟記訓練的重點。

　　　向充滿願力的珍寶——
　　　授予俗世和至高神通的導師致敬。

　　　我從佛法經典中汲取來寶藏，
　　　將唱出一首悟道之歌。
　　　發願走上修行路的人們，
　　　請豎耳傾聽我一會兒。

　　　一切內在或深或淺的開悟
　　　都需仰賴一位明師而達成。

悟道之歌

這是金剛持佛親口的教誨，
請謹記在心，蔣巴扎巴。

擁有自由和天賦的人身
是從事靈修最上乘的工具。
想想這珍貴無比的機會
好好把握它，蔣巴扎巴。
或許人在世間忙碌，追求一切永恆之物
但我們將得不到它的結果。
當死神來叩門時，蔣巴扎巴
不要留下一個只是滿懷遺憾的自己。

一旦三惡道的慘境降臨在你身上，
你將發現它們令人難以承受。
如果你不確信自己不會往生那裡，
就要避免墮落的惡業，蔣巴扎巴。

帶來一切喜悅層次的寶藏
就是佛、法、僧三寶。
要懂得這點，努力地創造生涯，
這才是明智之舉，蔣巴扎巴。

在業和錯覺的力量之下

瘋狂達賴

內心永無和平與喜悅的時刻，
無論我們走到天涯海角。
要超越這個業和錯覺，蔣巴扎巴。

我執如癌般蔓延，並削弱人
使人產生種種悲哀和痛苦。
要運用那珍視無我的智慧，
超越我執，蔣巴扎巴。

輪迴是一切不安和傷害的源頭；
那是一個烈焰熾熱的火坑
充滿著生、老、病、死的痛苦。
努力爬出來，蔣巴扎巴。

此刻不專心一意地走上這條路，
還任由心靈受那永遠欺騙人的
俗務俗情所誘惑，
那等於讓自己受蒙蔽，蔣巴扎巴。

最好到山上去
日夜進行冥思，
無論得到什麼食物都存歡喜心。
照這麼做，否則日後你會後悔，蔣巴扎巴。

悟道之歌

世間朋友是浪費時間的騙子，
生命如天空中的剎那閃電，
一切物質如溪流中的泡沫，
不要依戀它們，蔣巴扎巴。

在過去生中，我們嚐過一切榮耀，
並經歷每一種世俗的力量與喜悅。
難道你還不曉得完成開悟之道的
時間已經到來了，蔣巴扎巴！

或許在過去，由於智慧增長不及，
我們不能掌握每一種靈修方法。
所以現在我們最好依所知去修行。
記住，死神很快便來叩門，蔣巴扎巴。

一切諸佛菩薩也一樣
曾經是像你我一樣的凡人；
但他們全心修行
精進地冥思開悟之道。
因此超越了業和無明，
達到至善的三身狀態。
以他們為模範，蔣巴扎巴。

瘋
狂
達
賴

09 給松拉嘉措的三首歌

作者序言：達賴喇嘛二世晚年的主要助手松拉嘉措是一位
具有吸引力的人物。前面那首詩的對象索奔蔣巴扎巴在《自傳》
和《傳記》中分別僅被提到過一次，松拉嘉措卻在這兩本著作
裡不斷地出現。

《傳記》裡告訴我們，當達賴喇嘛二世在廿五歲的時候，
於惹巴進行兩個半月的閉關。接著秋季期間從事旅行教學，然
後冬季又到德拉東進行另一次的閉關。到春天時，他到東南方
朝聖，後來在秋吉嘉琛澤停留教學和從事各種開示活動。他就
是在這裡第一次遇見松拉嘉措。

關於他們相遇的細節，資料並不多，但對兩人而言，想必
都非常有意義。終其一生，在達賴喇嘛二世對他扮演了如父親
般的照顧；而松拉嘉措貢獻心力服侍前者。

在這方面，《傳記》裡只是簡單地敘述道：「當大師在秋
吉嘉琛澤時⋯遇見了松拉嘉措，此人後來成為他的首席助理。
他們的相遇乃是持續好幾世的業緣與靈修熱誠。就如同噶當巴
大師恰育巴格西把自己完全奉獻給他的上師，因此達到高深的
悟道境界；松拉嘉措也同樣地一心一意奉持大師，從不違背他
的指示。從那時起，他便留在他身邊，從未分開，情同父子一
般⋯⋯當時大師廿六歲。」

他們相遇時，松拉嘉措有多大年紀，並無資料可考，但一

瘋狂達賴

定是比達賴喇嘛二世年少許多。在達賴喇嘛為他所寫的三首偈歌中，第一首的幾句便顯示出來他年輕許多，其中寫道：「由於熱誠和一種強烈的業因／你從幼年起便和我在一起……」在西藏，一個家庭把年僅七、八歲的幼童放到寺院或一名高深喇嘛的座下受其照顧是常有的事，儘管十二歲到十五歲是比較普遍的。或許松拉嘉措當時大約就是在那個年紀之間。

　　隨著歲月過往，兩人越加地親近，這名年少的弟子很快地成為nyerney chenpo，在前文裡，我把這個字翻譯為「首席助理」。在喇嘛的世界裡，這個位置是介於經理、會計及首席祕書之間。在他們早期的關係裡，當達賴喇嘛本人也還很年輕時，松拉嘉措的工作可能不是很困難；但是當這位大師成為知名的開示者，並受到越來越多的功德主注意的時候，助理的工作便越見吃力和龐雜。

　　到大師四十歲的時候，松拉嘉措的責任可能包括處理所有的財務、安排大師的行程、發落一切旅行和開示活動的細節、確定邀訪大師前去教學的不同地方是否做好接待的安排、監督所有計劃的進度（例如建造寺院及委託藝術創作）、監督諸如飲食、文書等俗務、過濾各種邀訪和會面的申請、當大師進行冥思閉關時，掌理一切的事務、在重要的政治決策上給予建議、以及照料大師各種活動中的事項。

　　從一名首席助理的任務範圍來看，在古典的西藏，對一名高階喇嘛而言，一位品格和智能兼具的左右手是不可或缺的。若用現代的話說，那時的西藏與其說是一個國家，不如說是由

好幾百個小王國和部族所組成的聯邦。終其一生，達賴喇嘛二
世本人被接待、也接待過數百個國王、皇后、族長和部落領
袖，他們必須全部隆重接待，不能分高低或厚此薄彼。再者，
數十萬一般的平民，包括數萬名僧尼，都尊奉大師為主要的精
神導師，他必須防止達賴喇嘛的聖職太過政治化，以免傷害他
與這些人們的關係。

　　達賴喇嘛二世顯然明白松拉嘉措工作上的敏感性。他在第
一首詩歌的第四段中表達了對這位弟子的信任，他寫道：「有
些人……利用職務之便／對其他求道者行為惡劣；／有些人則
缺乏真誠的敬意／淪為冷漠與愚行……／但是你，松拉嘉措，
沒有這些缺點……／你從不令我擔心／憂慮你的品性，你的操
持／或者你對靈修之道的投入；／你對他人也沒有差別待遇，
／不論他們的財富、權勢和地位如何。」

　　毫無疑問地，首席助理的品格對於一位喇嘛的生涯影響至
鉅。一名傑出的助理可使他的喇嘛生活順利而有效率；無論功
德主、弟子們或一般大眾，他們的願望都能獲得謹慎有效的處
理，而不致太耗費喇嘛的精力、健康和時間。一名才力平庸的
助理則可能使他的主人在活動上與人們的關係上，陷入遲滯和
紊亂的狀況。一名差勁的助理則可能搞砸一切事情，使功德
主、弟子和大眾們離心離德，更可能嚴重到在過程中引發流血
和戰爭事件。例如，達賴喇嘛五世曾評論，1630年代藏省人入
侵西藏中部，其中一個主要的原因便是他的前任——達賴喇嘛
四世——的首席助理不諳外交，拒絕召見藏省國王所派遣的一

個代表團。這個輕蔑的態度留下了一道極深的積怨。當然，那次的戰爭另有其他因素和促成的條件；然而，偉大的達賴喇嘛五世認為，若達賴喇嘛四世的首席助理當時能夠更圓融些，便能避免這場戰爭。

很顯然，松拉嘉措是達賴喇嘛二世身邊一位優秀的組織者與發言人，這點從大師的成功程度，及他從容應對各種活動，即可以看出來。同時，松拉嘉措似乎也相當能適應各種環境。無論是在寺院裡、在國王嬪妃的宮裡、或住在簡單的遊牧帳篷裡，他都能夠以同樣謙卑和專注的態度，去面對每日的工作。他兼具深度的性靈和神祕性。《傳記》中敘述，有許多次的情況，事先他都在夢境中預言式地看見。尤其達賴喇嘛二世過逝後，松拉嘉措肩挑重責大任，為找尋大師輪迴轉世的下落時，這種能力更大大地起了作用。

大師和這位首席助理的親密關係，有時在《傳記》中被描述得相當深刻。例如，在鐵龍年（1520年）秋天，達賴喇嘛二世受邀到隴坡講學。當他和周邊一群人抵達時，發現當地飽受一種傳染病的肆虐，到處有人瀕臨死亡。松拉嘉措也染上了這種病，生命危在旦夕。《傳記》上記載，醫生們已放棄搶救他的希望，並宣佈他只剩幾小時能活命。達賴喇嘛二世衝到他的身邊，坐在這名助理的病榻旁進入冥思，然後開始唸起密咒。突然他雙手一拍，大喊；「苦難，走開！」瞬間，松拉嘉措便活過來，張開眼睛，從床上坐起來，向房間內的人微笑。他就這樣神奇地被治癒了。對此事件，《傳記》中的結語是：「當

喇嘛的力量和弟子的信心和諧起作用時，便可能發生這種情況。」

在建造曲科傑寺時和稍後塑造彌勒佛的金身上，達賴喇嘛二世更是仰賴松拉嘉措的助力。塑佛金身的工程起於1523至1526年之間，松拉嘉措負責監督數十公斤黃金的搜集工作。所需黃金的搜集大多是分批派遣弟子前往西藏每一個地區，向皈依者乞求小量地捐獻珠寶而成。松拉嘉措個人負責達波、恭布以及尼雅地區的募集，這些地區捐獻的黃金量幾乎達到金身塑像所需的三分之一。

在大師生前最後一年，他和松拉嘉措的多次對話曾被記錄下來。其內容在本質上都是事先教導他，當弟子們面對上師死亡時所經歷的創痛，該如何去處理；同時也教他有關下一世達賴喇嘛轉世的找尋工作。這項找尋的任務並不容易。如同現任達賴喇嘛閣下在前言中所提到的，當有人提議向乃瓊神諭請求指點時，神諭告訴他，大師的轉世投身在一百具肉身中。這使得松拉嘉措陷入一種前所未有的困境。究竟該選擇哪一位來代表達賴喇嘛的聖職？

為此，他請示了拉姆納措湖，並審慎檢視他本人和其他高階喇嘛曾經歷過的夢境。再者，在年老的達賴喇嘛二世逝世前幾週，他曾陪同這位大師到吐龍達和丘莫隴地區，進行最後一次訪問，在這期間，大師曾經做過許多次不尋常的談話。當他們考慮後，一切的跡象和預言似乎都指向一個在吐龍出生的小孩應該是被指認的轉世身。松拉嘉措督導整個辨認的過程，並

瘋狂達賴

瘋狂達賴

且為年輕的達賴喇嘛三世安排即位與教育事宜。

從這裡我們可以看到,一名喇嘛的助理不全然擔任世俗的工作。松拉嘉措本身即是僧侶及達賴喇嘛二世的弟子,其次是他的左右手。大師為他所作的建議詩,主要都是針對他的靈修生活面而寫的。因此籠中的訊息,可說放諸四海而皆準,至少就密教本質的靈修建議而言是如此。

這三首偈歌的版權頁並沒有提供多少關於兩人的資料,除了前面兩首有一些之外;由於三首都是應這名隨從的請求而寫,因此並不是即席創作。

第一首的版權頁上寫道:「根敦嘉措帕桑波應隨從松拉嘉措所請而寫,當時大師駐留於哲蚌寺的歡喜宮——甘丹頗章。」第二首的版權頁則記載:「根敦嘉措駐居於甘丹頗章的『美妙花飾房』時所寫。」第三首寫著:「根敦嘉措帕桑波應松拉嘉措所請而寫的一首靈修建議歌。」儘管如此簡略,但在第三首的結語偈中幸而指出日期,也就是鐵蛇年(1521年)。這是松拉嘉措差點得病死去後的次年。前段敘述過,當時大師在千鈞一髮時救了他。另兩首則如版權頁所述,都是達賴喇嘛二世搬進甘丹頗章後所寫。這一處駐留所是丘莫隴的國王在地虎年(1518年)贈送給他的,因此我們可以推估,其完成的時間大約是1518到1520年之間。

很有可能前二首是松拉嘉措生病後不久所寫;而第三首是一年後。第一首有一段建議針對病苦的解藥和解除障礙的方法:「為了使你的生命基礎穩固,/修煉度母密續的長壽瑜

伽；／在實踐使人生有意義的道路上，／為了去除一切障礙，
／採行吉祥天母的密教修行法……」此處建議的「長壽瑜伽」
是個可信的線索。

　　全部三首歌的焦點都放在上師瑜伽的主題上，這是佛教密
法中一個核心的重要話題。在密教的修行中，身為弟子者被期
望以純淨的觀點，去與他的導師進行一切互動，把上師的行動
視為完美的教學，而所有「不清淨的外觀事物」都是本身缺點
的反映。其中的道理是，藉著這麼做，修行者可以從這種關係
中，獲得最大的利益，即使那位上師並不完美。達賴喇嘛二世
在歌中提到好幾個經典的案例，都是藉由這種修行法在一世中
達到開悟。例如：十一世紀印度法師那洛巴在帝洛巴之下幾近
傳奇的訓練；西藏瑜伽修行者暨詩人密勒日巴對馬爾巴的奉
獻；以及仲敦巴在佛尊阿底峽之下執弟子禮。同時他也提到在
佛陀當年談話中出現的幾個著名的例子，例如善財童子
（Sudhana）五十三參（詳載於《大方廣佛華嚴經》
（Gandhavuhya Sutra）中）；還有「常啼菩薩」（Sadaprarudita）
（故事見於《般若八千頌》（Prajnaparamita Sutra）中）。

　　雖然上師瑜伽是這三首詩歌的焦點，但其內涵所涉的範圍
遠遠超過這個主題。事實上達賴喇嘛二世在歌中有意提示這名
弟子暨隨從（及任何看到這些作品的讀者）靈修生活上的精髓
指南。

◆ ◆ ◆ ◆ ◆ ◆ ◆ ◆ ◆

給松拉嘉措的第一首詩歌
哦！願喜悅和良善披靡大地！

哦！阿底峽上師，印度法師中的珠冠，
還有您那些高超的衣缽傳人，
以及佛陀第二——宗喀巴喇嘛，
所有慈悲無比的根本上師們：
請用垂憐和慈悲的雙眼
看顧我——您忠誠的追隨者。

松拉嘉措，我虔誠耿耿的弟子：
由於熱望和強烈業緣的力量，
你自幼年起便追隨我，
竭盡所能地將你自己奉獻於我；
而我，關照你一直是一種喜悅。

服侍上師的差事並不容易，
操之過急者往往步入岐途。
有些人因為日日親近，
便開始窺上師的小過；
有些利用職務之便

給松拉嘉措的三首歌

對其他求道者行為惡劣；
有些人則缺乏真誠的敬意
淪於冷漠與愚行。
如此，他們反將功德田
轉成累積惡業的另一種方式，
由此摧毀了他們自身內在和平的基礎。

但是你，松拉嘉措，並沒有這些缺點；
你總是保持純淨的覺察和作風。
你的靈修信仰並不是紙上空言，
你的態度超越了一切自私的思維。
你從不忽視我的靈修建議，
並盡一切努力，不干擾我的心靈。
你從不令我擔心
憂慮你的品性，你的操持
或者你對靈修之道的投入；
你對他人也沒有差別待遇，
不論他們的財富、權勢和地位如何。
因此，雖然你不是偉大的法師
但如果你繼續像以往一般修行，
最後一定能達到靈修的目的。

偉大的金剛持佛曾經教導：

瘋狂達賴

上師是一座大福田，它之大

勝過對一切時、一切地

無數諸佛的虔誠。

這點，許多大菩薩已經證實不虛，

例如善財童子和常啼菩薩，

他們把自己奉獻給一位大乘佛法的上師，

因而達到開悟的境界。

其他歷史上著名的例子還有：

那洛巴——印度名家中的光環；

仲敦巴——一位佛法的高深法師；

密勒日巴——一位最美妙的瑜伽修行人；

以及雄努俄祖古——一位神奇的示現者。

這些聖者都完美地以身示範出

透過對上師在思想與行為上的虔誠

以達到開悟境界中兩種悉地的方法。

在修行中，我們應當以這幾位聖者

做為學習的對象，

努力地效法他們，以及他們成道的門徑。

即使現在我們仍未擁有靈修力量，

但總有一天，我們會得到。

在祈禱時，永遠與上師同在

並伴隨他直到開悟。

轉世為人身如同一顆滿願的珍寶；

不要糟蹋了這寶貴的機會。

不要將生命當成永恆，而去冥思

死亡隨時會到來。

謹記那瀰漫在三惡道中

可怖的痛苦折磨，

避免造下惡因和惡行。

超越那膚淺目標的誘惑

修持善行並培養內在歡喜。

皈依三寶既是喜悅的源頭，

因此一切時、一切地要謹記他們。

在無數前世的歷程中，

每一個眾生都曾經是我們的父母；

深思這一點，然後對所有人

生出愛和慈悲。

通往開悟大道的根

便是冥思兩種菩提心：

以成就佛道的利他主義熱誠

瘋狂達賴

作為利益世間的至高途徑；
以及了解事物究竟空性
的直觀智慧。
珍視這兩點，如同你的足和眼。

為了使你的生命基礎穩固，
修煉度母密續的長壽瑜伽；
在實踐使人生有意義的道路上，
為了去除一切障礙，
採行吉祥天母的密教修行法，
這位護法給人一切的靈修力量。

這是我衷心的建議，松拉嘉措，
希望能有助於你。
同時我將為你祈禱，
願你的靈修熱望得以實現，
直到達成至高的開悟之前，
都不要與靈修大道上的導師們分離。

給松拉嘉措的第二首詩歌
向神聖的大師們致敬。
金剛持佛在這末法時代，
示現為一名僧侶——即

給松拉嘉措的三首歌

智慧的化身、舉世無雙的宗喀巴喇嘛
為人們表演了他神祕的舞劇;
我以無間的信念向他叩首。

弟子松拉嘉措啊,聆聽這首歌。
在前世中,你造了許多善業,
因而今生你擁有了難得的人身
帶著靈修的慈悲而來。
你已經進入成道的大門,
在有傳承的上師門下修煉,
你可以把他視為一尊開悟的佛
能夠啟發你、引導你得知識。
這是前世業緣的跡象。

古德教導,要淨化心靈,生智慧
再也沒有其他方法
比皈依一名上師,把他視作一尊佛更殊勝:
精神上,把他供奉在純淨的心裡;
行為上,伴隨他,遵從他的建議,
在口中唸誦祈禱文,請求他
授予一波波啟發的力量。
但這種途徑有一種危險;
如此接受上師的調教而度日,

瘋狂達賴

瘋狂達賴

獲得信徒所供養的物品，
而你的內在卻不純淨，
和其他師兄弟不和，
那就像跳下一處可怖的懸崖，
勢將輪迴投胎到悲慘的世界去。
在無數的前世中，你一次次地
在淒苦的惡道中流浪徘徊，
現在，你終於獲得一個能夠
完成開悟之道的人身。
如果你浪費它，將多麼令人難過！

我們坐在這裡，想說生命是永恆的，
其實在周遭，那可怕的死神
正毫不留情地摧毀一切眾生
無論他們是強是弱、年少或年老。
我們完全喪失了理智嗎？

這個世間的一切物質享受
要得到困難，失去卻很容易；
而無論如何，最後一切都將被拋在身後。
因此，把我們所獲得的，拿去利益世間，
不是比較明智嗎？

270

在這黑暗時代裡，朋友和功德主

取悅百難，卻動輒得咎；

良善遭遇的是欺騙，到頭來

一切都各自分散。

我們所住的，難道不是一個可悲的世界？

在這蒙昧不明的時代裡，人們

口是心非，機巧奸詐，一心追求著

財富、權勢和物質財產。

如果人們能轉而將一切投注於靈修目的，

不論是這一世或下一世，將會更快樂。

對只關切無益事務的人浪費時間

是毫無意義與希望的，

此刻與往後都有害於我們。

若將我們自己奉獻給上師和三寶，

此刻和永遠都能實現一切願望。

輪迴往生彷如火坑，生老病死的

苦難降如雨下。

目睹這現象，卻不努力求解脫，

還有什麼比這更愚蠢？

瘋
狂
達
賴

瘋狂達賴

當病苦逼身，我們發現
撐病挨苦只能忍受幾日而已；
那麼如果輪迴投胎到地獄，該怎麼辦？
所以避免惡事，培養善行
至為重要。
六道裡的眾生無可計數，
其中沒有一個在前世中
不曾是我們的父母。
我們不免依戀某些人，厭惡某些人，
要超越這種分別的心理；
要專心冥思，平等愛護一切眾生，
珍愛他人勝過自己。

所有一切出現在心識的物件
都只是名稱與思想的圖畫而已；
以那些物件本身而言，
根本連一絲灰塵也不存在。
一次又一次地冥思這種空無的意象，
它是存在的究竟本質。

在這五濁惡世中，
無數的障礙出現，干擾著我們
順利地完成靈修之路。

給松拉嘉措的三首歌

此際正是採行強力密教法門的時刻，
專心冥思眾本尊和眾護法吧，
如河流不止般時時觀想他們。

這就是我給你的建議之歌；
持之以恆的修行，
將為此生和來世帶來祥和，
也必將能產生證悟中
三身圓滿的境界。

給松拉嘉措的第三首詩歌
向諸位上師和三寶致敬。

為了馴服這黑暗時代的眾生，
五大佛族之主──金剛持佛
示現為善良舉世無雙的靈性大師──
宗喀巴喇嘛，一位等同於佛陀的上師；
我頂禮於他的足前。

松拉嘉措，聆聽這首建議之歌。
自無始劫以來的無數前世，
你歷經了無盡的生死。
沒有哪一道你未曾投胎過；

273

沒有哪一種型態的生命，你未曾扮演；
也沒有哪一個眾生
未曾不是你的父母，
以無比的愛心照顧過你。
然而同時，三毒的力量
有時也吸引你步入岐途，
使你投胎到輪迴的惡道中，
去面對無止無盡的折磨。

但現在多虧三寶的庇蔭，
以及你跟諸聖者大師的緣份，
你得到了難得的人身轉世，
甚至在年幼時便走上出家之路，
追求無止盡的解脫境界。

由於祈禱和善業的力量，
你有幸得遇諸位大師，
在一切佛經和密續中，他們
受到一切時一切地諸佛一致地讚嘆為
一切智慧與力量的根源。

一切諸佛的代理人——上師——乃是
願望的實現者和神妙的珍寶。

他為今生和後世帶來每一種利益，

並預示每一種世俗和無上的領悟。

因此，不要受負面態度所阻礙。

超越世俗的知見，

視上師為活佛。

只要弟子能夠受教如上，

悉地很快地如雨降臨。

如此的修行者將獲得皈依三寶

的持續庇佑，另外，

觀想境的天神、空行母以及護法

將視他如獨子般加以關照，

實現他今生和後世一切的願望。

懷著一顆信念專注的心，

冥思上師所能帶來的利益。

日夜對他唱誦悅耳的祈禱文，

並時時刻刻將自己的心力奉獻給他。

這是獲得上師降福以及

受他親炙時汲取利益的方法。

遵從這種方式就是努力師法修行瑜伽的古德們。

則無論今世或來世，

疯狂達賴

你將不會與神聖的靈性導師們分離；
他們將繼續引導你，
直到開悟為止。

看看那些獲得智慧者的生平，
如那洛巴、仲敦巴以及密勒日巴。
如果我們依照他們那樣修行，
無論行動和思想都奉獻給上師，
那麼所有的上師、諸佛菩薩就會像
母親照顧獨子般關照我們。

在一名稱職的上師指引下，
啜飲佛法博大精深的瓊漿玉液。
保持修煉中的基本純淨；
培養善行，超越惡行；
暢行無礙地日夜修行開悟大道。

在這衝突不止的時代，許多障礙
出現在追求開悟的人們面前。
上師總攝一切靈性的力量——
本尊、勇父、空行母以及護法——
只需冥思他，以此驅逐障礙。

給松拉嘉措的三首歌

哦，弟子松拉嘉措，我敦促你，

透過三種主要的修行門徑，

盡一切可能利用這難得的人身：

一，修行溫和的自由精神，

不執著於物質世界的空性物事

二，修行菩提心，保持不我執；

三，認知空性的智慧，了解存在的究竟本質。

在這殊勝的鐵蛇年裡，

在神聖的氐宿月第廿天這個特別的日子裡，

在這特殊的地方──美妙的甘丹頗章，

我，根敦嘉措唱出這殊勝的歌。

疯
狂
達
頼

10 密宗道之歌

作者序言：下一首達賴喇嘛二世的神祕偈詩是一首以密教修行為本質的格言式作品。原文沒有提供任何版權頁標記；關於賦詩的背景在結尾的段落中有提到。它是為一名叫做瓊吉僧格嘉措的弟子所寫的；當時大師駐留在哲蚌寺。雖然這首詩的長度只有七段，但它是詩集中寄意最深刻的一首，內容指出密教修行中所有的重點。

一般來說，佛教密續被分為四類：事部、行部、瑜伽部和無上瑜伽部。

其中第四類力量最強大、最深遠。達賴喇嘛二世在詩中所講的，就是這個層次的密教修行課目。

詩一開頭，他便強調在一名稱職上師的門下，受到正確訓練的重要性。密教法門是一種證悟快速的危險修行途徑，因此，密教中一位稱職的上師甚至比顯教中還要重要。

第二段偈詩介紹，藉由一般佛教的訓練，奠定靈修基礎的必要性，之後再進階到嚴格的密教瑜伽。

他在此地所指的「顯教法門三個層次」，意謂經藏修行的次第途徑；它是由阿底峽傳入西藏，透過早期的噶當巴喇嘛們進行弘法。詩中指顯教所使用的字詞為tunmong，其意思是「共通的」或「與某物分享」。意指這個內容在佛經和密續訓練中都是共通的。其實它們就是經教法門，用作密教法門之前的

瘋狂達賴

瘋狂達賴

初步修行法。

　本質上，這「三個層次」涉及的是靈修境界中「小、中、大」各階段的修行方法。這些簡單的字詞指的是為達到三層心理—精神效果的多種禪修法：即把注意力從本能行為上轉移開，導向較高層次的存在；接著，從輪迴性的存在狀態導向涅槃；最後，將注意力從自利導向普遍性的責任感，及依此對於究竟開悟的渴望。

　這項三階段訓練中，第一層主要的冥思課題是業與因果律、死亡、無常及輪迴的苦性。在第二個層次上的冥思訓練是萬物相互依存性、高層次禪定的無常性等等。最後，第三層次的冥思主題包括愛、慈悲、菩提心、空性等等。

　下一段詩句中談到四項密教的皈依，達賴喇嘛二世指其為「進入密教法門的入口」。這四項分別稱為瓶、祕密、智慧及聖言皈依。第一點稱之為「瓶」是因為，其中所包含的五個主要階段中，每一階段都是以一只「歸依瓶」的灑水做結尾。這五階段與五種元素、五蘊、五種迷妄、五種智慧及五方佛族有關。它的概念是，在這五個階段中，修行的弟子不斷接受一種智慧光，此光是與傳授階段相關連的特定迷妄中所固有；那五種元素和五蘊接續地轉化為五方佛的本性。獲得「瓶皈依」所有階段的傳授後，可淨化以往經由身體所累積的惡業，使修行者可以冥思「生起次第瑜伽」，並唸誦適當的真言。再者，實現化身（或稱開悟的示現身）的種子已經種下了。

　「祕密皈依」傳授涉及祕密物質的消耗，也包括使人體內

「陽性—陰性」二元的能量趨於平衡。如此使得修行者得以契入「圓滿次第修持」的祕傳幻身瑜伽法（藉由觀修精細能量、能量中心、能量管道、及明點）。透過這種方式，以往藉由口語所產生的惡業可得到淨化，而報身（或稱受用身）的種子便種下了。

第三項為「智慧皈依」，在這過程中，弟子被引介給一位「智慧明妃」，而隨智慧而生的大樂由此被喚醒。如此，過去經由意念所產生的一切惡念，將可得到淨化，使得修行者得以觀修光明瑜伽，並種入法身（或稱證悟者的真身）的種子。

最後，修行者接受「聖言皈依」的傳授。此時一切身、語、意的惡業本能同時得到淨化；因而得以觀修大圓滿瑜伽，而真身（或稱自性身）的種子便種下了。

一旦獲得這四階段的密皈依（通常經由一場法會而完成，為期二至三天），修行者便獲授資格進行實際的密教修行。

如上文所提及的，最高階的瑜伽密續乃在兩階段中修持，也就是「生起次第」和「圓滿次第」。達賴喇嘛二世在詩中的第四段便觸及前者，第五段則觸及後者。如同他指出的，「生起次第瑜伽」的精義在於讓心念放棄以世俗方式覺觀事物，學習把一切眾生看做是佛和續部諸尊。換句話說，就是繞過自我正常的運作，另創一個替代性的自我和我們所居住的世界。為了要達到這一點，必須把世間想像為一處壇城（或一處神聖的所在），把自己設想為壇城的聖眾。

第五段偈詩重點放在「圓滿次第瑜伽」。這個法門之下可

瘋狂達賴

281

瘋狂達賴

細分多途，但其中兩個主要的面向是「幻身瑜伽」和「光明瑜伽」，以及由此修得的次第——大圓滿瑜伽。在幻體瑜伽中，體內所有粗糙的能量都被收回，精細能量被輸入中脈，被帶進心輪而溶化於中。因此感應出一種超出正常範圍的身心狀態，超越生死。此時，修行者在一種靈魂出竅的經驗架構中進行冥思。在此微妙身上所生起的微妙意識轉而冥思「光明」。如此，在這種密教法門中，修行者很容易地便在這一世中達到證悟的境界。

達賴喇嘛二世接著在第六段偈詩中簡述他的靈修途徑，也就是強調我們應該謹遵佛法修行的三項核心支柱：培養菩薩博愛和慈悲的精神、整合空性的觀念、運用密教瑜伽的兩種次第。

這首詩作的對象弟子瓊吉僧格嘉措在《自傳》或《傳記》中都沒有被提起過。鑑於詩作中強調密教修行的內容，正值大師駐留於哲蚌寺時所寫，這名弟子有可能是在拉薩附近山區中進行冥思的眾多瑜伽修行者之一。

◆ ◆ ◆ ◆ ◆ ◆ ◆ ◆

上師是一切密教力量的源頭；
視他為一尊佛的修行者
一切成就如智珠在握。
因此，盡一切所能把你的身與意

密宗道之歌

完全供養給上師。

如果在一開始，心念就沒有受到
顯教三層次的良好訓練，
那麼對於深層密教瑜伽的任何追求
將是一場空話，而且修行者將有
動輒離經叛道的危險。

通往舉世無雙的金剛乘之門
除密教四皈依外，別無他法。
因此，完全接受這四皈依，並
種下四種佛身的種子至關重要。

一個人必須學著放棄
以世俗方式認知事務的習性；
改而把所有出現在世間表象的物質
當作是壇城，其一切存在當作是密續外相。
這就是「生起次第瑜伽」的修行法，
它淨化並精鍊了需要淨化的根基。

下一項密授刺激金剛身的各個點，
引導那流於側邊氣道的能量
進入神秘的中央氣道——中脈，

由此得見心中的明光，

產生連同喜悅一起出現的智慧。

要善加冥思這些「圓滿次第瑜伽」。

最終解脫道的真實法

是培養全然的空觀；

進入覺悟大道的門徑

在於證悟的熱望——菩提心；

而完成佛道最高階的法門

乃在冥思二種深層的密續次第。

把握這修行的三種面向，缺一不可。

這首簡述密續要點的偈詩

在這裡由佛僧根敦嘉措於駐留

殊勝的佛法知識中心——哲蚌寺——時

為他的弟子瓊吉僧格嘉措所作。

11 純潔願心的祈禱文

作者序言：下一首達賴喇嘛二世的偈詩作品其實是一篇祈禱文，而不是一首覺受詩。相關資料中並沒有提到為何它被收錄在詩選裡，而不是在《雜文集》裡，因為在後者可以發現許多這類禮拜性質的作品。設想編輯者的用意或許有兩種，要不因為它在賦詩技巧上勝過其它諸文；要不就是受到達賴喇嘛二世幻像經驗的靈感所致。無論《自傳》或《傳記》都沒有提到這首詩，因此我無法多做說明。

詩的版權頁上敘述：「應隨從弟子丘卓嘉措之請，雲遊僧根敦嘉措帕桑波於駐留甘丹頗章時所寫。」由此可知，丘卓嘉措是達賴喇嘛二世首席助手松拉嘉措的一名助理。我在上述那兩本資料來源書籍中也找不到與此人相關的敘述。

基本上這首作品是一種禮拜文，用作正式冥思前的誦唸序文，也是一種上師瑜伽修行法。為了讀者閱讀方便，我刪去了詩中四個基本動作的敘述。

其第一項是向上師的呼喚。這位上師「……總是坐於我頭頂上的日輪和月輪上……」這是向該上師請求擴展他無所不聞的耳界，傾聽祈禱者的話語，並送來神祕的示現身見證祈禱者純潔的熱望。

此處提到的日輪月輪，象徵證悟境界中陽性和陰性兩種面向的和諧。在密教傳統中，修行者冥思上師坐在兩只圓碟狀的

墊子上，一只代表太陽，一只代表月亮，意指在證悟境界裡，
上師使肉體和心念中陽性（月亮）和陰性（太陽）的能量呈現
完美的平衡。日輪在下，月輪在上，象徵陰性的智慧面是開悟
的基礎，陽性的行動面在此基礎上展開，成為證悟的活動。這
種以「日月輪」做成的坐墊安置在一朵開放的蓮花裡面，象徵
一旦達到證悟，修行者雖然生活於傳統世間，卻不附著於世俗
的行事方式，如同蓮花出污泥而不染。（讀者或許會發現，在
佛教裡以月亮和太陽代表陽性和女性，與西方的神祕傳統剛好
相反。佛教密宗喜歡以月亮為陽性，以陰性為女性，有部份是
因為密教修行的對於性徵的認知中，白色的月亮在顏色上比較
接近精子；而紅／金色的太陽比較接近卵和月經。）

　　達賴喇嘛二世第二段的祈禱文是對於「功德田」或扮演啟
發和降福力量的非凡人物的禱詞。包括修行者的個人導師或多
位導師、無數的諸佛菩薩、還有修行者接受傳授的密教壇城眾
神。西藏人想像，這些聖者騰雲駕霧在空中示現，其數目之
多，瀰漫了整個虛空。祈禱文即是在祂們面前誦念。

　　第三段是一種「七支供養祈請文」。這種七支祈請的傳統
來自佛教印度，〈普賢行願品〉（Mahayana-pranidana-raja）就
是它的原型。在每一次冥思時辰或密教儀軌的一開始誦唸一篇
七支祈請文是西藏人的標準程序。其中的七項包括：觀想自己
禮敬諸佛，觀想供養物品給證悟者，懺悔業障，隨喜功德，請
轉法輪，請佛住世，廣修供養。達賴喇嘛二世在詩中只納入此
地我所列出的前六項。其餘的祈請文則充當「第七支」。

　　第四段事實上即是滿腔熱望的祈禱文，基本上它是對佛教修行上主要課題的一種回顧。此處我們可以看到，在這首詩中，一些概念在於祈求生活實踐上的啟發和指點，其實它們在達賴喇嘛二世之前的偈詩作品中已經都表達過了。

　　雖然這首偈詩的創作並沒有超出這類祈禱文的範圍太多，但是達賴喇嘛二世在其中表現了清新的風格和韻律的生動，這是他的作品一直受到中亞居民歡迎的原因。

呼喚上師

永遠坐在我頭頂上的日月輪上，

仁慈無比的上師，

我這謙卑的弟子，

懷著心靈深處湧起的至誠

向您呼喚。

無論您示現在這世間的何處，

請以神祕的示現身護佑我。

向我顯露您發光的面容；

願我們永遠不分離。

功德田祈禱文

各位現世上師、傳承祖師、三寶

寂靜尊與忿怒尊

一切的護法、真理的守護者,

我以這篇祈請文呼喚諸位。

請駕著深刻智慧和大慈悲的

洶湧雲朵降臨而來。

請放出佛法開示的一聲龍嚎;

請放出您變幻神通的熾熱的煙幕,

以及神祕體悟的一陣雨。

請把您的指點降福我的意念,

使我達到靈修的成就與解脫。

七支供養祈請文

皈依三寶的示現身,

無論您在這宇宙的何處,

我以微塵數的身形透過身、語、意

向您禮敬。

我毫不遲疑地向您致上

成堆如雲般美妙莊嚴的供養,

也供上此生一切,以及

所有過去、現在及未來的功德。

在您的面前，我面對一切自己的缺點；
因為在內心三毒的肆虐之下，
我造下如山一般高的惡業，
甚至傷害和褻瀆了佛菩薩。

對於達到二種境界的人們，
我對你們的證悟行誼感到歡喜。
轉動那珍貴的真理之輪，
使它與眾生的需求相應合。

我祈求諸佛菩薩久住世間，
不要進入涅槃；
只要虛空存在，
請留下來利益一切眾生。

純潔願心的祈禱文

雖然我曾見過具有究竟慈悲、智慧
與力量的靈修導師，
但我未能把他們視為一切悉地的根本，
也沒有尊敬他們是完美的佛。
我的世俗感知總是在別人身上找缺點，

瘋狂達賴

這種負面心念駕馭著我。
回顧過往多次錯失的機會，
我的心充滿悲傷與遺憾。

哦，高尚與神聖的根本上師，我呼喚您：
請在您的慈悲中護佑我，
直到完成證悟的那一刻。
當我努力邁向開悟之道時，
請細心呵護關照我。

這一世珍貴而難得的人身
至今做的多是俗務，
其中恆久的價值幾希。
我向您發出這純潔的願心：
願我短暫一生的殘餘年歲
全部奉獻在開悟的修行上，
使我達到靈修的成熟。

死亡之神毫不例外地吞噬
一切強壯、中等或瘦弱的人；
而我們卻被這惡魔欺騙，以為
自己可以長生不老。
我發出這純潔的願心：

純潔願心的祈禱文

願我無時無刻不意識死亡，
知曉自己命在旦夕，
願我能超越這唯物的心，
以靈修的方式渡過白日和夜晚。

不無可能當我的呼吸停止時，
將投胎轉世到三惡道去，
因為我心念不專，動輒迷妄，
累積了太多惡業。
我發出這純潔的願心：
願我免除邪師與惡友
所帶來的迷惑，
永遠從佛法中獲得啟發，
並由此強化內在的良善，
消解掉不完美的力量。

一切物質世界裡的成就
都不可靠，也輕易地一掃而空。
這世間事隨處可見，然而我們
對精神解脫的願力依然脆弱。
我發出這純潔的願心：
願謙卑的解脫心靈
永遠在我心自發地生起。

瘋狂達賴

我發出這純潔的願心：
願我超越不良的習性，
在眾生間不再有分別，
不再依戀某些人，而厭惡某些人；
相反地，願我學習將他們所有人
包容在愛和慈悲的冥思中，
珍視他人勝於愛自己。

同時我也發出這純潔的願心：
願我達到透澈的洞見，認知到
一切存在事物的空無本質：
無論哪種情形，一切出現和轉變的現象
都不是實在的存在，一切
只是精神概念上的轉嫁罷了。

我發出這純潔的願心：
願我達到這冥思的洞見之後，
便以此觀點看待日常活動，
並觀察一切出現的事物，
絲毫不以之為真，把它們看做
一個魔術師的幻覺把戲。

我發出這純潔的願心：

純潔願心的祈禱文

願我永遠知曉一切事物原來
只不過是心理的標籤，它們
根據相對性和恆常不爽的因果法則起作用；
因此，願我集結獲得
福德和智慧這二種資糧。

我發出這純潔的願心：
願我完成密續修行中
兩種深層次第的瑜伽冥思法——
生起和圓滿次第——亦即是
生死和中陰的混淆現象，
並把他們轉化為三種究竟的身。

我發出這純潔的願心：
願四種究竟身的境界
能夠很快地完滿達成；
並願履行我的發心
繼續究竟地利益這個世間。

最後我奉上這吉祥的禱文，
願我在這通往開悟的修行道上
得遇一切助益的境緣，
願我的菩提道上沒有任何障礙。

瘋
狂
達
賴

12

珠寶頸鍊

作者序言：接下來這首作品並沒有提供版權頁說明，所以我們只能從結尾的段落一窺賦詩的背景：「這一串容易明白的文字／組成一條靈修忠告的頸鍊／裝飾在歡喜求道的人身上／由瘋狂乞丐僧根敦嘉措唱出。／願它利益一切追尋真理之道的人。」

由此看來，它似乎是嘉華根敦嘉措筆下自發性的創作，並不是應弟子之請而作。在《自傳》和《傳記》中都沒有提到這首詩，因此我無法推測日期。

我認為對詩作的內容並沒有評論的必要。全文以一種坦白直率的語言寫成，或者如同作者本人形容的，它是「一串容易明白的文字」。達賴喇嘛二世在詩中呈現給讀者他對佛法教學的基本精神，其表現的形式就是「一條靈修忠告的頸鍊。」他所運用的影像及整首作品的風格，深受早期印度佛教大師龍樹菩薩所作偈詩的啟發。龍樹菩薩是達賴喇嘛二世最崇敬的作家、神祕主義者暨聖哲之一。

◆ ◆ ◆ ◆ ◆ ◆ ◆ ◆ ◆

哦，願良善和歡喜充滿一切。
向父母般親切的上師致敬，

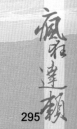

瘋狂達賴

從上師的心靈中，極樂的宮殿顯現出
幸福的樣貌，其完美的景像與妙音
釋出一陣真理甘露之雨。

為了向您感恩，此刻我獻上這首歌
給帶著信念和熱望的有心修行人，
那些希望運用這並無本質的人身，
去汲取甚深真理精華的船筏的修行人。

十方世界的每一尊佛都冥思那
可指點開悟之路的上師，
冥思他的親切，並奉獻於他。
而我們這些凡人，
難道不應照著做？

今生和來世所有利益的源頭
繫於在一位適任大師門下的修行。
如果我們夠明智，能如此奉獻自己的一生，
還需談什麼俗不可耐的事？

我們所擁有的這珍貴的人身
並不能長久持續，且輕易被摧毀。
直到如今，它大都徒然虛度；

從此刻起，善用它去汲取精華。
不要理會那引人分心的俗務，
毫不遲疑地投入那可獲取
靈修知識與歡喜的法門。
鑑於不知生命何時告終，
應即刻精進修行。

至今以來親密為伴的肉體和心念
在死神降臨時，將被拔離兩地，
被迫各分東西。
如此，還需談什麼財富和親友？

不思更高階的靈修目標
反而浪費我們珍貴的精力和時間
去追求此生那些徒然無功的事物，
當我們用內心的平靜去衡量，
那不過是惹來更多煩惱與痛苦的原因。

在三惡道中的悲慘經歷
就像是曾坐在火坑內一般
無止無盡，長久難以想像。
如果再造惡業，未來再投胎到那悲慘世界，
這樣是明智的嗎？

疯狂達賴

瘋狂達賴

為了想獲取現世和未來世的
些許快樂而造下惡業，
就好像飽餐一頓甜美的毒藥，
乞求以此活到一百歲。

如果不能珍視這種簡單的真理，
那麼即使我們穿著最昂貴的瓔珞華服，
舉止再怎麼高貴文雅，
怎麼能說我們比一隻山羊還明智呢？

這副軀體是由黏糊糊的物質匯聚而成，
包括膿汁、血液、尿及大便。
如果它的心念與靈修價值不相關，
那麼最廉價的衣物它都不值得穿。

然而，若心念以靈修智慧為飾，
一個人便成為值得一切眾生
崇敬的對象，包括凡人和諸神，
即使他穿著最破敝的爛布衣；即使
他的大小便也變成美味的珍饈。

因此，即刻讓你的心思離開
一切不實在的俗世憂慮；

珠寶頸鍊

不落入分心的誘惑，
努力一意達成開悟之道。

受到親友和崇拜者的圍繞
只會引起神氣的錯誤感覺。
遠離這種徒然無用的路徑，
轉而依賴開悟之道。

我們周圍種種財富和器物的歡樂
只不過是猙獰死神佈下的誘餌；
一個年輕軀體上的歡樂花園
就像是晴空中的一道彩虹；
而像成功或財產這類的事
就像是魔術師的幻術。
遠離這些世俗的依戀，
努力達成開悟之路。

那珍愛自己勝過他人的套索
過去總是把我們往下拉。
此刻生起開悟的念頭吧！
在開悟中，普世之愛取代了私愛。
一切存在的事物都是相互依存的，
沒有什麼是天生固有，獨立存在。

瘋狂達賴

喚起冥思空無的三昧，
那是一切存在事物的深層本質，
從根砍斷對它的誤解。

在短暫的一生要獲得開悟，
這種法門是極端不可遇不可求！
然而密續卻有這樣的殊勝法門，
它針對我們以世俗眼光看待
生、死和中陰的習性，
教人把它們轉化為佛道的三身。

你們註定要滿頭白髮，像白雪覆蓋著頭，
你們的臉將佈滿皺紋的波浪，
如果你們即刻把這首詩的課題
落實到生活上的每個層面，
那麼一顆喜悅心靈的永恆青春就是你的。

這一串淺顯易懂的文字
組成一條靈修忠告的頸鍊，
裝飾在歡喜求道的人身上
由瘋狂乞丐僧根敦嘉措唱出。
願它利益一切追尋真理之路的人。

13　給一位隱士的靈修忠告

作者序言：下面這首詩的版權頁上寫道：「由根敦嘉措帕桑波所作，給隱居冥思者瓊吉袞龐欽波唐卻帕桑的開示偈詩。」成詩的地點和時間都沒有提供。在《自傳》和《傳記》裡也沒有提到這首作品或這名受贈的僧人。

但是，對於這名詩作對象的僧人，此處仍可稍加討論。「瓊吉」其實是一種頭銜。近來是指一名和尚在受戒時，他的父母、鄉人或族人供養給該寺院一頓盛大的齋食。爾後，這名和尚終生在寺院裡，將比一般和尚更受到尊敬與重視，在主要大殿的集會時，也會被安排在較高階的前排座位。我不確定在達賴喇嘛二世時代，是否也有這種意思。我推測應該也是。袞龐欽波是一種外號。通常指一名冥思者放棄一切世俗的安適和活動，單獨隱居在一處山洞或山林茅屋。因此，這個人是名隱士，他放棄了在寺院內擁有的特殊待遇，選擇退隱的生活。所以實際上他的受戒法號為唐卻巴桑，或稱「光榮至上的馬頭明王」（馬頭明王是一位密續本尊）。

達賴喇嘛二世在結尾的段落中，為這首詩的本質做了說明：「以上就是我的歌，自然而簡單，／這是廣大和深層的求道路上幾個關鍵處。／願有助於求道之人，／使他們順利達成此生和此生之後，一切靈修的熱望。」換句話說，他把佛陀對開悟之道的精髓教義，以詩的形式做一種自然而明白的簡述。

疯狂達賴

在西藏的偈詩作品中，使用「自然」這個詞，通常是指作品在一次靈感湧現時所作，後來並沒有再編修過。

　　如同前面幾首詩一樣，此處也沒有必要就內容加以評論。達賴喇嘛二世有意以普通人性的方式表達，而非運用哲學或技術性的語言。

向諸佛菩薩致敬。

在這接近末法的時代，

一切諸佛的知識和慈悲

示現在兩位佛僧的身上，即

偉大的阿底峽和宗喀巴上師；

我伏身在他們蓮花般的足前。

這首詩要送給一名虔誠的瑜伽弟子，

他由於願心和行動的力量已成熟，

獲得了人身及一切的潛能，

棄絕了世俗之路，步上

通往究竟的昇華之路。

一切的良善、歡喜和靈修力量

均隨著一位大乘上師的調教而來。

在一位適任的導師之下善加修行，
永遠把他尊為天賜的一尊佛。

從無始劫以來，你一直在輪迴中流轉，
一再地投胎於世間；
然而過去一切世來往如夢幻。
要知道，此刻你有能力達到究竟開悟，
別讓這機會溜走了。

在這暴力的年代，生命難道不是顛沛流離？
難道死神不是為所欲為地帶走任何人，
不論年輕或年老，不論財富權勢高低？
別被世間有常的虛假感覺欺騙了；
在生活中要不斷地記得死亡。

我們的親友愛人可能非常多，
但很快地我們就要跟所有人分離；
或許我們的食物、財富、和產業豐盛，
但它們也一樣，有朝一日將成身後物；
或許我們有大宅邸、財產、牛羊和田地，
但這些也一樣，終歸將失去。
我們可以帶在身邊通過死神之門的，
只有善惡言行的帶業種子，也就是

瘋狂達賴

我們曾經如是的習性。

在這黑暗時代裡，弟子輕蔑老師；
受愛撫育成長的孩子拋棄父母；
受雇的工人不斷地欺騙雇主。
唉！看看現今人們的言行！

早晨活著，傍晚喪命；
今日富有，明日貧窮；
去年是一位國王，今年是一名乞丐；
生命中有什麼是恆久不變的？

世間的愚人看不到這一點，
於是為非作歹度日，
臨死便墮入三惡道！
今日他們自以為英雄，
事實上還有誰更虛榮？

唯一值得我們信任的，
只有三寶；所以要皈依三寶；
由於業因法則與果報向來不爽，
要努力行善，視惡行如毒藥；
靈修進步與解脫的根繫於

給一位隱士的靈修忠告

謹守戒律，如護己目。

緣起而生的世界猶如火坑，
坑內無處有祥和。
因此要依靠中庸的解脫精神，
培養三種高階的修行——
戒律、禪定與智慧。

流浪於輪迴中的眾生不計其數，
其中沒有一個不曾是我們的父母。
以慈悲的菩提心冥思著把自珍自愛
轉化為普世之愛，懷著這心，
布施歡樂給他人，拔除他人的痛若。

我們內心所呈現的「我」
是引我們輪迴不止的羈絆之心。
要去觀察這個內在的「我」，
看他是如何呈現出來的。

常常，這個「我」好像住在
我們的身體或心裡；但若更仔細觀察它，
它一點也不真正存在，
只不過是概念思維上的一種投射罷了。

疯狂達賴

以此方法去進行冥思，觀察那
一切外在和內在的現象不過是
扭曲的心靈基於所轉嫁的素材
所做的影像投射。
即使連一粒原子都不是固有存在的。

因此要明智地知曉，在輪迴和涅槃中，
一切事物只是心理的標籤；
但它們仍依照因果不爽的法則
繼續在作用著。
當內心經驗到佛經所教的方法和智慧
心念因而成熟時，
便進入兩種密續次第的冥思，
在此可迅速獲得佛道的三身，
因此要徹底運用這短暫的人生。

以上就是我的歌，自然而簡單，
這是廣大和深遠的求道路上幾個關鍵處。
願有助於求道之人，
使他們順利滿足此生和此生之後，
一切靈修的熱望。

14 追尋中道觀點

　　作者序言：在藏傳經典中常常提到，佛陀每一項的開示，其最終目的都是引導修行者去體驗空性的教義。而其餘的開示都是「方便」；空性的教義本身即是「智慧」。這兩者——方便和智慧——必須一起運作，就像小鳥需要雙翼才能飛翔。惟有了解空性，才能使修行者徹底解脫業和心念上的迷妄。

　　對於空性的禪觀，有無數的形式從印度傳入西藏。其中最重要的，當屬西元二世紀時印度法師龍樹阿闍黎這一脈的傳承。這位傑出的法師在其經典著作《根本慧論》（Mula-prajna-madhyamaka-shastra）中闡明他的教法。西藏人在這個法門上，又加入各種密續傳統所教的方法，但在這方面的課題上，所有派別都視龍樹的指示為不可缺少的引介。阿底峽和宗喀巴喇嘛在西藏弘法最廣最力的就是龍樹法門，達賴喇嘛二世在以下這首詩中所探索的，也是這條法脈。

　　原文並沒有提供版權頁。但達賴喇嘛二世在詩尾寫道：「……以淺顯文字譜成我的歌／闡明空性的純淨觀點，／這是根敦嘉措於駐留勝利地——傑區——時，／應弟子嘉琛佩爾之請求隨性寫成。」所以這首詩是曲科傑寺建造之後而寫的，也就是1509至1510年間。詩的對象嘉琛佩爾推測是居住在寺院內的一名佛僧。

　　偈詩的開頭一行向緊隨文殊師利的上師致敬。在大乘佛經

瘋狂達賴

裡，文殊師利菩薩被視為十方三世一切諸佛的智慧象徵。袖的造型是，左肩旁有一本般若波羅蜜經擱在一朵蓮花上，由袖的左手握著蓮莖；而右邊，袖手握智慧之劍；該劍直指空性的意義，並切斷我執之根。

讀者或許還記得，當達賴喇嘛二世正值青少年時，曾經進行一個月之久的閉關，專心誦唸文殊師利法號，結果據說記起了他之前的好幾百世，同時也因此強化了他的心智能力。也據說至此之後，僅在一次茶餘的休息片刻，他便能夠背記一百行的經文；而深奧的哲學經論往往只讀過一次，便能夠了解其中的意涵。

在開偈的致敬詩之後，達賴喇嘛二世建議這位修行者，在每一次進行空性的冥思之前，想像自己的上師是文殊師利的形相，坐在一朵蓮花上，飄在自己的頭頂上空。先向上師供養七支祈請文（我們在前文「純潔願心的祈禱文」中已看過這類的偈詩），請求開示和賜福。接著再開始進行冥思。

首先要嘗試認知「所破」（gakja），也就是「惡的對象」、「假我」，針對此，我們人和一切事物都是「空」的。這種「我」的感覺出現在心中，彷彿獨立於其他外在世界，如同它是固有而存在的。達賴喇嘛二世以一根木頭柱子為例。當我們看到一根柱子，我們立即產生一種柱子的感覺，彷彿在這塊木頭中，有一種東西代表這種柱子的概念。但是當我們靠近一點看，很明顯地並沒有這種現象存在。

對於「我」的感覺也是相同的情況。有時候它似乎是代表

肉體,有時候又是代表心念,而有時候既不是肉體,也不是心念。因此我們想捕捉這個叫做「我」的神祕現象,但是我們越追尋,它就變得越難捉摸。這種冥思便是在這兩種情境中變換轉移:先以此方式找尋這個「我」,然後再清楚地感知它的不存在。

在正式的禪坐段落之間,修行者嘗試保留沒有任何東西擁有獨立和真正存在本質的覺受;在傳統的層次上,事物出現在心念中,其呈現的層次則根據傳統的因果法則而運作,如同一隻夢中的狗,在夢中也會咬人一樣。然而在最後的分析中,事物雖然呈現,但此呈現在本質上什麼也不存在。

這就是達賴喇嘛二世在這首「追尋中道觀點」的詩歌中,所闡釋的空性禪觀法和太虛的經驗。

向與文殊師利菩薩永不分離的上師致敬。

在追尋中道觀的意義時,
冥想上師與文殊師利永不分離,
把上師放在你的頂冠之上。
專心一意地供奉七支祈請文
以此產生功德力並淨化諸障礙,
如此使根器成熟得以

瘋狂達賴

領悟空性的深觀。

首先，對這個人人皆有的「我」
我們必須探討它呈現的方式，
「我」只是對肉體和心念的一種投射
它彷彿是存在的，如同
建立在實物本身上一般。

例如，一塊能夠撐住橫樑的木頭
被人稱作是柱子；
這根柱子只是一種心理的指稱，但
它呈現在人迷惑的心念上，
彷彿從一開始它就存在那木頭上似的。

當這根柱子仍立在森林裡
仍是一棵有根、枝、葉的樹木時，
我們並不感覺它是一根柱子；
當這棵樹被砍下來，
由熟練的木工修飾它的邊緣時，
我們也不覺得是。

當柱子在形成的那些階段中，
我們從沒有「柱子」的念頭產生。

請冥思，從木頭本身來看，
這柱子根本從沒存在過。

「我」並不是「我的身體」；當死亡時，
身體被拋棄在後，而「我」仍繼續
走向未來的生命。
同樣地，「我」不是「我的心念」；
因為心念只是用以指稱「我」的一種基礎，
同時，習性上感覺的「我」
也不認為心念就是「我」。

有時這個「我」被感知是一個單獨實體，
然而在傳統上它出現在各種不同的地方
（例如在一隻手臂或腿上，
如果那部份的肢體令人疼痛的話）；
當這種情況發生，我們可能想：「我覺得很痛，」
但後來我們不會承認，「我」就是我的手臂
（或任何引起疼痛的部位）。
因為我們明白，這種過程只是
心念本身所產生的一種影響。
同理，像山脈、籬笆、房舍等，
從它們被命名的基礎上看，它們似乎存在，
然而當我們仔細深入分析這些物體，

瘋狂達賴

去觀察它們所位處的地方，

我們並無法找到山脈、籬笆、或房舍。

照此冥思，可明確地認知到，

從這些物體本身看，那些被指稱的東西並不存在。

同樣地，「那裡」依存於「這裡」；

「短」依存於「長」；主體依存於客體；

感知依存於感知者；指稱依存於基礎。

依此冥思一切存在的事物

並沒有究竟的自性和本體，

一切只是相互依存所建立的稱號。

在禪觀的段落之間，

要持續知覺心中以之為實的人和事物

其實只是心理投射罷了；

它們就像魔術師所變出的幻覺；

然而也要知覺到，它們仍會一貫地

依不爽的因果法則而作用。

如此我以淺顯文字譜成了歌，

闡明空性的純淨觀點，

這是根敦嘉措於駐留勝利地——傑區——時，

應弟子嘉琛佩爾之請求隨性寫成。

15 　歡喜的命運之歌

　　作者序言：下一首詩歌的版權頁上記載：「佛僧根敦嘉措帕桑波駐留於澤當寺，在『頭盔鳥』隱居廬一間叫做『虔誠花園』的齋房，應一名信念堅固的弟子仲臧巴之請而寫。」

　　澤當寺位於雅隆山谷的入口，離雅魯藏布江不遠。它是由帕莫札巴泰錫度蔣珠嘉琛於1351年建造。在達賴喇嘛二世的時代，它是一座兼容並蓄的寺院，曾安置好幾種不同派別的喇嘛。達賴喇嘛一世駐留於西藏中部時，曾在那裡進行多次的教學；因此，當年輕的達賴喇嘛二世於火龍年（1496年）第一次訪問該寺時，受到他前一世眾多年老弟子的熱誠接待。從這一年開始，大師每到雅隆地區進行教學朝聖之旅時，都會訪問澤當，每年至少一次。

　　他譜的這首詩歌，就是應其中一名年長的佛僧之請所寫。內容是表現達賴喇嘛二世從佛尊阿底峽的靈修傳承中所發現的喜悅，同時也表達，做為一名年輕的佛僧，在奉持與教導阿底峽法脈時的歡喜心。他在雅隆地區旅行時，足跡曾遍至四個半世紀前阿底峽曾經進行冥思的許多聖地，包括熱振寺和惹巴寺，並因而被啟發了多次目睹聖者的經驗。同時在這些地方，他也曾教導多次傳為阿底峽的法門。

　　雖然達賴喇嘛二世這首詩只有五段長，但內容觸及了噶當巴教義中最顯著的要點；這個法門由阿底峽在1042年時，由印

瘋狂達賴

度傳入西藏。從那時起都是一脈相傳，未曾中斷，直到達賴喇
嘛二世由他自己的上師處得到傳授；最初是青少年時在札什倫
布寺和納塘寺等寺院；稍後則在哲蚌寺從他的上師蔣揚烈巴邱
卓處受傳。

哦！願和平與喜悅普披天下！

去尋求一種法脈，這種法脈回溯至佛陀
而透過阿底峽和其法子所弘揚；
去追隨一名上師，這名上師透過修行
而完成靈修與證悟的傳承；
並且學通佛經和密續法門；
以這種方式使生命有意義，
豈不是法喜洋溢的命運嗎？

阿底峽非凡的法脈其本質即，在那其中
一切的教法都不離個人的修行脈絡
成為對個人的開示；
而在一次禪坐的過程中，修行者就能
實踐開悟道上一切的關鍵點，
連一處都不會忽略或錯過。

歡喜的命運之歌

這不是一種法喜洋溢的命運嗎？
以空觀看穿一切存在事物的
究竟本質，直到它的最深處；
無暇的冥思達到最高的三昧；
完美地平衡方便與智慧的行動——
就以這種方法取悅諸佛菩薩，
豈不是一種法喜洋溢的命運嗎？

要能教導一切的經典和密續，
要練就細細推論的能力，
譜出一首接一首的詩詞散文：
以這種方式取悅世間的智者，
豈不是一種法喜洋溢的命運嗎？

理解一切深刻的金剛乘法門，
並透過冥思兩種瑜伽次第——
一如無上瑜伽密續中所教的——
以此達成大圓滿的至上境界，
釋放源源不斷的開悟活動
以利益和提昇這個世間，
豈不是一種法喜洋溢的命運嗎？

瘋狂達賴

瘋
狂
達
賴

16 對洛桑嘉措喇嘛的歌頌

作者序言：下面這首偈歌雖然沒有版權頁，但達賴喇嘛二世在開頭和結尾的詩段中，提供了一些關於其脈絡的資料。這首詩創作時，他在歐底貢加聖山下的扎西岡閉關，住在一處叫做托善林的廬屋裡。

如同當世達賴喇嘛閣下在本書的前言中所述，達賴喇嘛二世曾經有好幾次表明，他對於空性的覺悟，要歸功於在其上師克珠洛桑嘉措門下所受的訓練。此人是一位偉大的瑜伽修行者，曾經在沃卡山上閉關十四年，修練密續瑜伽，特別是時輪密續。他同時曾是達賴喇嘛一世親近的弟子。當達賴喇嘛二世遇見他時，兩人立即一見如故。此後他們便情同父子，一同在沃卡地區的山洞和廬屋裡冥思，並常常偕伴進行朝聖和教學之旅。大師特別是追隨洛桑嘉措喇嘛研讀時輪密續與密集金剛密續。

這首對洛桑嘉措喇嘛的歌頌寫於鐵猴年（1500年）。該年夏天，他們一起進行朝聖和禪修，達賴喇嘛二世對於這名老瑜伽行者的印象至為深刻。洛桑嘉措主要的禪修廬屋位於歐底貢加山。它是西藏中部地區最高的山，也是西藏最受崇敬的聖山之一。

在偈詩一開頭便點出賦詩所在的仁千岡，它是位於歐底貢加山腳下的一個村莊；結尾段落則提到托善林廬屋。這兩處都

瘋狂達賴

是西藏非常普遍的地名。後者（其藏文的意思是「沈思與研究的關房」）是許多僧侶住處的名字。達賴喇嘛二世有意在傑區建造一座寺院時，也是在托善林進行重要的占卜；這次的卜卦很吉利，於是他便推動那項建寺的計劃。

　　達賴喇嘛二世在這首歌頌上師的詩中，強調在其門下達到的兩種領悟：其一是從研讀和修行時輪密續瑜伽所得的悟道；其二是冥思空性的心得。他似乎特別受到空性此一主題的感動。

　　我俯伏於神聖上師們的足下。

　　此刻我坐在仁千岡的一處盧屋裡，
　　在此地，冥思自然有所得；
　　這佛法地座於歐底貢加聖山山腳，
　　這是一座可媲美岡仁波齊山的莊嚴山峰。

　　上師克珠洛桑嘉措浮上我的腦中，
　　憶起他難以言喻的親切。
　　內心湧起了洪流般的情緒，
　　身上每根毛髮因喜悅而顫抖著。

我以哀傷的音調呼喚他：
我祈求，請您從隱匿的界域裡前來。
散出您神聖軀體上那發光的面容；
以言語灑下一陣佛法的大雨；
引導眾生走向開悟的境界，
那和您舉世無雙的心念是不分的。

哦，至高神聖的根本上師，透過您慈愛的引導，
我駕馭了兩種密宗次第的瑜伽，
光榮的密續之王時輪金剛
還有它的支系，例如占星術
等等促發更高深精神智慧的學問。

您不只是空口白話而已，
您引導我全然理解
龍樹、寂天及宗喀巴的教法——
那關於存在的究竟模式：
即一切事物本質都是空性，
沒有任何東西能獨立存在；
事物只是心理的投射，
被轉置在受指名的物質上。

您幫助我看到內在的大敵人——

瘋狂達賴

那把事物看成真的我執習性，
並幫助我看到我執無盡的害處。
您同時也教導我如何摧毀它們；
因此現在，在感知界所顯現的一切
毫不費力地都出現在空性的路徑上。

同時，您並沒有讓我落入虛無主義中，
而是指點我其中的道理，即
一切呈現的事物雖只是標籤，
卻持續一貫地根據
因果法則而作用著。
由此您把我從可怖的懸崖上救下來——
也就是緊抓著「是」或「不是」的二元極端。

哦，無盡慈善的根本上師，是您教導我
如何從一切深奧佛經和密續中
汲取精華的意義；
並幫助我從智慧傳統中受到極佳訓練的心靈裡
找到內在的力量。

回憶起您對我的無比親切，
我毫不費力地把您看成一尊全然開悟的佛；
我懷著如上的虔誠來呼喚您：

對洛桑嘉措喇嘛的歌頌

請您永遠不忘懷我，
賜予我世俗和至高的精神力量。

這首歌是對偉大中道觀的深奧瑜伽
在自然體驗後所發出的歌頌，
由佛僧根敦嘉措所作，
這是他在托善林僧院閉關時，
經歷了對神聖上師的強烈思惟時所發。
願此詩歌有益於世間的良善，
並強化人世的歡喜與和平。

瘋狂達賴

17　靈修喜悅之歌

　　作者序言：這首作品的版權頁上寫道：「大師在里沃德千時所作。」里沃德千是一間小寺院，位於虎峰堡下的瓊結。虎峰堡是瓊結國王的駐居所在。早期達賴喇嘛二世於雅隆山谷各處的巡迴教學，許多次都是由此王所贊助。

　　達賴喇嘛二世曾經多次到訪里沃德千。每年春天他到澤當和雅隆山谷巡迴訪問時，行程中都包括此地在內。這首「靈修喜悅之歌」在《傳記》中曾提及，創作時間在水狗年（1502年）到訪該地時。當時是早秋，他剛風塵僕僕地完成春夏的行程在進行閉關。有在冥思時，他看見了宗喀巴喇嘛，在感動之餘，做了這首神祕的詩歌。

◆ ◆ ◆ ◆ ◆ ◆ ◆ ◆

我從心靈深處，衷心仰望
舉世無雙的宗喀巴喇嘛，
您是總攝三寶的示現身，
請在靈修路上伴隨我。
死亡不期而降的思維
乃我們修行中的一種激勵；
而冥思愛與慈悲

瘋狂達賴

瘋狂達賴

乃我們修行道上的指引。

冥思兩種菩提心
就是修練的主體;
由此產生創造性能量,要運用它
奉獻於利益這個世間,
以此做為我們每一步行動的句點。

於存在與空無的界域裡,
人累積了功德與智慧;
如此完成了佛道的兩種身,
也自然地完成了究竟的自利利他。

僅僅思考著修行路上的這些次第,
就使得修行人的心充滿喜悅。
僅僅憶起這些深奧的修行方法,
修行人便歡喜著迷。

我感動地賦成這首歌,
一首喜悅經驗的旋律,
我的雙足來往踱步,
內心大樂地舞了起來。

靈修喜悅之歌

哦，喇嘛宗喀巴，一切諸佛之主，

您對世間的慈愛難以言喻。

我從心靈最深處呼喚您：

以慈悲之眼垂視我們。

疯
狂
達
賴

疯
狂
達
賴

18 啊——哦——啦：智者歌唱

　　作者序言：下面這首詩歌或許是達賴喇嘛二世最不尋常的一首創作，至少從架構和賦詩的觀點而言是如此。有些詩句是九音節長；有些八音節；有些七音節；有些則十四音節。再者，它以三、四行為一個段落，交互參差。猜想這種韻律上的繁複變化，可能是配合旋律的流暢性所致，因為這首作品本來是一首歌，而不是詩作。且有多處的音節並不具字面上的意義，只是充當開頭與結尾的補音。

　　這首詩的版權頁上寫道：「〈啊——哦——啦：智者歌唱〉這首作品是大師在傑區進行一次密集的冥思閉關結束時所做。」其中沒有提到日期。《自傳》和《傳記》也沒有提供相關資料。

　　表現在詩中的一些靈修感想，其啟發乃得自一些來源。詩歌一開始舉出開悟時出現發光和空無的經驗；接著表達在佛法傳播上，三種特殊法脈的精華智慧：一、由印度法師龍樹阿闍黎和寂天阿闍黎所弘揚的空性教義；二、由彌勒和無著所弘揚的菩薩道教義；三、由偉大的成就者在印度弘揚的密續法脈。在西藏，這三種法脈的弘揚由喇嘛宗喀巴集大成並加以傳承，所以達賴喇嘛二世在偈歌的結尾感念他。

　　若要在這方面做出評論，恐怕必須另闢專章專論加以探討。我還是邀請讀者們直接浸淫於作品中，體會其義理。

瘋狂達賴

◆ ◆ ◆ ◆ ◆ ◆ ◆ ◆ ◆

靈修證悟的究竟本質
便是光明與空性的最終結合。
啊──哦──啦，智者歌唱：伊啊──伊，伊啊──伊
光明與空性的結合。

啊──哦──啦，智者歌唱：
一切存在物的最後滋味
就是無自性的空性。

啊─哦─啦，智者歌唱：伊啊──伊，伊啊──伊，
但一切世間出世間法，
萬法唯心念所繪，
仍保留一貫的影響。

啊─哦─啦，智者歌唱：伊啊──伊，伊啊──伊，
這種解脫兩端的深奧自性
是有待達成的遠景。

啊─哦─啦，智者歌唱：伊啊──伊，伊啊──伊，
這就是龍樹和寂天的法脈；
而我這追隨他們腳步的瑜伽行者

啊──哦──啦：智者歌唱

喜悅地身為傳人之一。

啊──哦──啦，智者歌唱：伊啊──伊，伊啊──伊，
這深奧見解的神祕之舞
在解脫兩端的界域中閃爍著。

啊──哦──啦，智者歌唱：伊啊──伊，伊啊──伊，
那追求至上開悟的溫和願心，
那關心他人勝過自己的心，
就是導向光明大道的門。

啊──哦──啦，智者歌唱：伊啊──伊，伊啊──伊，
這種慈悲所攝的空性智慧
就是光明大道的精華。

啊──哦──啦，智者歌唱：伊啊──伊，伊啊──伊，
這六波羅密的修行
就是大力的菩薩道。

啊──哦──啦，智者歌唱：伊啊──伊，伊啊──伊，
這就是彌勒和無著的法脈；
而我這追隨他們腳步的瑜伽行者
喜悅地身為傳人之一。

瘋狂達賴

瘋狂達賴

啊──哦──啦，智者歌唱：伊啊──伊，伊啊──伊，
這廣闊大道的神祕之舞
就是方便與智慧兼具的一場舞。

啊──哦──啦，智者歌唱：伊啊──伊，伊啊──伊，
密續兩次第的瑜伽方法
就是產生佛道的至上途徑。

啊──哦──啦，智者歌唱：伊啊──伊，伊啊──伊，
他們由死亡、中陰與轉世
轉化為開悟的三種完美身。

啊──哦──啦，智者歌唱：伊啊──伊，伊啊──伊，
這就是喇嘛宗喀巴的法脈；
而我這追隨他們腳步的瑜伽行者
喜悅地身為傳人之一。

透過傳承，大樂與空性之舞
瀰漫了修行者的每一刻經驗。
啊──哦──啦，智者歌唱：伊啊──伊，伊啊──伊，
它瀰漫了修行者的每一刻經驗。

19 藍龍之歌

　　作者序言：如同前文我們看過的，札什倫布寺是達賴喇嘛一世於1447年在藏區所建造。該地位於西藏西南部，離日喀則不遠。

　　在本書第二部份，我敘述達賴喇嘛二世的生活細節時，曾探討他在年少時進入札什倫布寺，以及他被指認為達賴喇嘛一世的轉世，還有後來青少年時被逐出該寺院。我同時也提到，將近廿年後，札什倫布寺的住持寫信給他，請求回到該寺，繼承他的正式職位。在那時他已經躍昇為西藏最受敬重的喇嘛之一，曲科傑寺也陸續在完工階段。然而，那年他還是願意擱下許多活動，回到札什倫布寺去。

　　他離開傑區的消息使他的弟子和達波地區的贊助者不太認同，這些人曾經投注許多的時間、精力、錢財和工作，為他在麥托唐建造曲科傑寺。其中有一位叫南索丘吉者，寫了一首歌給他，請求他改變離開的決定。大師也寫一首歌回答他。本章這首詩歌便包含這兩首歌的內容：一是南索丘吉給達賴喇嘛二世的偈歌信；一是他的回應。

　　在詩歌前有一段短文，描述此歌創作時的背景。這段前言寫道：「從藏省有一團為數不少的信使抵達傑區，當時大師在那裡已經駐居教學一段時間了。他們帶來精美的供養和札什倫布寺方的一封催促信，請求大師到藏省去，擔任札什倫布寺的

住持一職。大師對於出任住持根本一點興趣也沒有,他的起心動念無非都是利益佛法與眾生。然而,為了遵守世俗傳統及對寺方表達尊重,他終於還是接受了。他在傑區的弟子們聽聞他要離開的消息,都深感悲傷。其中一名叫南索丘吉者,便寫了這首佛法偈歌給他。」

如同達賴喇嘛二世在《自傳》中所說,來自札什倫布寺的邀請,來得並不是時候。當時他建造曲科傑寺的工程還沒完成,他知道只要他一離開,弟子和贊助者的熱情將會消退,而工程進度也將驟然停擺。但另一方面,他又不能不管或拒絕該項邀請,因為他曾經被該寺驅逐過,與寺方的關係頗為敏感,稍一處理不慎,便可能永遠無法彌補。於是他選擇中庸之道,同意數月後便造訪札什倫布寺。他在水猴年(1512年)秋天啟程,在前往藏省的途中,到十幾間寺院教學,然後在初冬時抵達。

在札什倫布寺,他投入一連串密集的教學課程,從冬天、春天,一直到夏天,直到傑區發生狀況使他被迫返回該地。但從這一次直到他去世,他持續定時地訪問札什倫布寺進行教學,並關照那裡的佛教信徒。

在傑區的這名弟子南索丘吉對大師的離去抗議得很強烈,我並不確定此人的身份。通常南索是一種頭銜,意指小國國王或山谷的族長。建造曲科傑寺的主要贊助者是拉吉阿利的南索,所以可能是他。但是,有半打叫南索的人也參與了這項工程計劃,所以也可能指的他們其中之一。

　　不管是誰寫這首偈詩給達賴喇嘛二世，此人對於西藏賦詩技巧都相當高超。而達賴喇嘛二世在他的回應詩裡，也處處呼應並效法這名弟子的風格。所以兩首作品合在一起，很像單一作品的兩個部份。

　　向神聖的靈修導師們致敬。
　　哦，舉世聞名傑喇嘛的轉世身，
　　請賜予我你那啟發人的祝福。

　　萬一天上那把大傘──太陽
　　離開我們，到他方世界去，
　　還有什麼來照亮此地的黑暗呢？
　　如果它真的非走不可，
　　至少要把月亮留給我們。

　　當藍龍
　　以太虛為床休息而臥，
　　那被雨淋濕的可憐小鳥能夠
　　期待聽到那龍的歌唱嗎？
　　如果那龍非走不可，
　　至少留給小鳥們一匹風馬。

瘋狂達賴

那一船的重要信差已經走了，
把我們珍貴的導師——您——也帶走了。
現在有誰留下來照顧我們？
如果船上容不下我們，
至少您要丟一條救生索給我們。

當偉大的禪師離國遠去，
誰將守護他空蕩的山洞？
如果您真的非走不可，
至少該指給我們一隻土撥鼠。

在強勢信差團的請求之下，若
我們的喇嘛必須西行到藏省，
那麼我們這些凡夫要找何人依怙？
如果您真的非走不可，
請留下您的開示給我們。

如果我們的喇嘛一定要離開我們
去照顧藏省的大寺院，
那麼誰來關照這荒遠山區內
我們這小小的關房？
如果您真的非選擇他們不可，
請至少為我們指點一位保護者。

334

藍龍之歌

如果我們的喇嘛必須西行到藏省

去利益那裡的眾生，

那麼我們這些藏東人民要在誰的庇佑下修行？

如果您真的非走不可，

哦，最珍貴的寶中之寶，

願您的活力永遠充沛。

（以下為大師的回應──）

我伏在上師洛桑嘉措的足前，

他是證悟瑜伽行者中無所不知的上人，

他了解一切經典和密續的義理，

並透過內在修行，完成了它們的精義。

天上那把大傘──太陽

慢慢地穿透天際而移動，

輪流照亮每一吋土地；

它從未忽略任何一吋地。

同樣地，宗喀巴如陽光般的教義

將一直是你的指引與激勵。

在溫暖季節度過後，

藍龍便潛伏休息。

但是當森林和田野再度欣欣向榮，

瘋狂達賴

藍龍便再度自由歡唱。

那一船的重要信差很快就要走了；
是的，他們會帶走這名平凡的佛僧。
但是，留在這裡的人並沒有被遺棄。
你們擁有最珍貴的寶中之寶，
也就是靈修信仰的寶石。
你們的救生索就是靈性修行。

有些隱士流浪天涯海角，
找尋靈修的祕理；
若在一處導向開悟的聖地修行冥思
不是比較明智嗎？

由於前幾世的業因緣由，
我很難不走上這條路，去
極力奉持喇嘛宗喀巴的教法。
因此，當這項強力的請求來臨時，
這小佛僧似乎應該接受。

你們就像我的親人，
我不敢忘記你們的；
因為我們有一項共同的偉大命運，

那就是在此地點亮佛法的燈。
因此我請求你的耐心理解
我必須去完成眼前的工作。
你們弟子們要持續修行，
我將很快歸來。

願我神聖的上師克珠洛桑嘉措
永留世間，直到天荒地老；
願我們都獲得他慈悲的降福，
在開悟道上啟發我們。
願阿底峽和噶當巴導師們的教法
在美妙的傑區繁榮盛行，
它是一座最適合修行佛法的花園；
它是一處受業力和祈禱力祝福的地方，
它擁有像萬能轉輪王那般的佛教護法；
願這至上的法脈
廣披十方世界。

疯狂
達
賴

20 給一名女菩薩的歌

　　作者序言：版權頁上寫道：「這首靈修建議的偈詩作品是應蔣森嘉莫的一再請求而寫，這名女弟子人品高超而且道心光明。本詩由佛僧根敦嘉措所寫，他在眾多開悟導師的足下研習，並放棄世俗活動以追求一種戮力於靈修的生活。」

　　蔣森嘉莫譯為「菩薩皇后」，她是達賴喇嘛二世眾多女弟子之一。他為她譜就這首靈修開示之歌，顯示她可能出身貴族，而不是女尼或山洞中的冥思者，且詩中建議的語調，似乎比較傾向是對一名在家居士而發，而不是對一名出家人。對此，詩中有一句特別明顯：「佈施和精神感受性／乃一個文明人的光彩花飾；／應該把它當作最珍貴的寶物。／對待他人沒有分別心／只懷抱助人的思想／這是一切善行的基礎；／我們要衷心奉持它。」由於在《自傳》和《傳記》中，都沒有提到這個名字，所以我無法就這首詩的對象，進一步做任何有關身份或品格的評論。

　　本首詩歌一開頭便以三個段落向慈悲的觀音菩薩致敬。第一段詩句指祂象徵過去、現在、未來一切證悟者的慈悲智慧；第二是指祂是一尊至上的佛，久遠劫前已達到開悟，現在仍神祕地於宇宙各地開示，以提昇人們證悟的力量；第三是指祂為千手千眼菩薩，以其多手多眼關照十方眾生，幫助有心求道者證悟，給予引導。

瘋狂達賴

接著，達賴喇嘛二世傳達他的靈修訊息給蔣森嘉莫，對修
行生活提供精華指導。他的建議頗為實際，在許多方面也呈現
西藏人性格中的民族倫理。

我向觀音菩薩稽首，
祂的眼神充滿垂憐──
祂的形相充滿完美的徵象，
言語發出佛法的美音，
祂心中的識見和慈悲無可限量。

我再向觀音菩薩──至上的聖者──虔敬稽首，
在無可考的久遠劫以前，祂完成了
超越中心和限制的法身之路，
現在仍不斷救濟這個世間。

哦，觀音菩薩，祂有一千隻慈愛的眼
看顧著無數的眾生，
我至心向您伏首；
我祈禱，請使一切靈修的熱望實現。

應密切注意上師的開示，

給一名女菩薩的歌

那是此時與此後一切進步的源頭；
我們應明智地善用珍貴的生命，
因為它是滿願的珍寶和
一個能接受最高靈修知識的盛器。
要明白死亡必不可免，且時間不可測，
所以讓靈修成為第一要務；
視三寶為一切靈修所得的源頭，
堅信地仰賴它們。

一切痛若與迷妄的原因
乃惡業和扭曲的情緒；
盡一切力量去超越它們。
此刻與往後一切歡喜的原因
乃善業與善念；
盡一切力量去培養它們。

世俗的工作沒有盡頭，
即使我們努力億萬年也是如此。
別把它們當作生命的核心。
而心靈修行正好相反，
其每一樁努力都隨之帶來利益
並延伸到久遠的未來。
布施和精神感受性

瘋狂達賴

乃一個文明人的光彩花飾；
應該把它當作最珍貴的寶物。
對待他人沒有分別心，
只懷抱助人的思想，
這是一切善行的基礎；
我們要衷心奉持它。

由於執著、嫌惡與偽善
在此刻與未來會傷害自己與他人，
智者都努力超越它們。
由於唯一一項穩定的財產
乃解脫一切扭曲狀態的心，
智者都盡一切力去達到它。

21 密續經驗之歌

作者序言:「密續經驗之歌」是達賴喇嘛二世這本選集中,最具有私人性的覺受詩作之一,其中使用生動的詞彙,描述他個人修習密續瑜伽的直接經驗。當然,字裡行間的真正意義隱藏在密教的名相裡,也就是金剛乘私密隱晦的語言。因此只有密續文學素養良好的人,才能夠完全理解其中的指涉與意涵。

關於密續傳統的中心概念,我在前面一篇達賴喇嘛二世的神祕覺受偈中曾談過〈密宗道之歌〉,在本書第二部份的最後一章也曾提及。讀者可以重新翻閱參考。

有關本文的版權頁很簡短:「這首簡述所有密續法門修行的金剛偈歌,乃是由瑜伽行者揚千雪貝多傑——文殊喜笑金剛所作。」先前我們說過,「喜笑金剛」是一個密宗名字,那是達賴喇嘛二世幼年參加一次皈依典禮時,他父親為他取的。

由於這首歌是他在修習密續瑜伽的經驗中,自然抒發的作品。所以詩中不像他應弟子的請求所作的那些偈詩般,具有一種正式的格式。為弟子們所作的詩,通常都是根據需求或求詩者的領悟程度而作,自然抒發的作品在風格上比較自由和開放,只是作者自娛用的。

❖ ❖ ❖ ❖ ❖ ❖ ❖ ❖

向金剛勇父——金剛薩埵致敬。

這位舉世無雙的密續法師

乃一切靈修知識的來源。

修行者把他的雙足頂戴於自己的冠上,

他賜的福德和轉化力量

就會化成美味的瓊漿玉液

使人飽足。

一開始,修行者將心念之瓶

灌滿了四種密皈依之水,

它們把心念轉化成適當的容器,

以便培養至上的金剛之道。

從那時起,修行者必須一直珍視

對密續法門的許諾,

珍惜它如珍惜生命般深切。

永遠不讓自己如那些墮落的修行者,

表面上假裝是偉大的密宗修行人,

實際上卻和豬狗差不多。

首先,修行者必須獲得無誤的體悟,

密續經驗之歌

把死亡、中陰及投胎轉世

當作達成三個究竟身的方法，

這種訓練汲取了深奧的

生起次第瑜伽的精髓。

依這個方法，大樂的神性

便從空性的界域裡產生。

太陽和月亮流動的能量

接著便堵塞了黑暗的道路，

由是人感知到本性固有的大樂

與空性的智慧一同生出。

能量和心念的至微妙層面

像魚兒從清澈的池中浮起。

修行者散發出一種神祕的氣場，

並永遠從一貫以來

生死的深淵中解脫了。

接著，至高的大樂和智慧像太陽般

照耀在心中，中止了

一切貪、嗔、癡的行為。

這就是無誤的大法印境界。

瘋狂達賴

如此修行者發現了密續法門中
各次第的親身經驗；
如此，在個人訓練的境界裡
見到無上瑜伽密續的每一個關鍵處。

以下就是瑜伽修行者的經驗：
他所見的世界如神祕的壇城，
而一切眾生如密續的聖眾；
而他所吃喝的一切東西
都變成充滿喜悅的甘露。

修行者的一切行為都轉變為精神性的行為，
不論以往它們是如何呈現；
而修行者所發出的每一個聲響
都變成偉大金剛樂音的一部份。

我──一名密續修行者──沈浸在喜悅的心念中；
我──一名密續修行者──一切言行舉止
無不自然地產生善念善行。
在我體內，一切勇父都在舞蹈；
一切空母透過我
傳送她們的金剛歌。

想起宗喀巴喇嘛──無可比擬的金剛導師──

他那偉大的慈善，

我忍不住發聲

唱出這密續的體悟之歌，

這是我發出的美音，

供養這位光榮賢者。

瘋狂達頼

22 給靈修導師的一篇祈禱文

　　作者序言：這首作品的版權頁上寫道：「這首給靈修導師的簡短祈禱文，由佛僧根敦嘉措帕桑波應隨從嘉華旺波之請而寫。」可見詩作是應一名跟隨在達賴喇嘛二世身邊的弟子之請而寫。

　　所以這首偈歌不是一首覺受歌，而是為弟子寫的一篇祈禱偈，供日常課誦。既然全偈只有三段，我也從善如流，以達賴喇嘛二世為師，不再贅言：

　　哦，光明大道的神聖導師，
　　一切世俗和無上悉地的來源，
　　願我有幸，能永遠隨您修行；
　　藉著我虔誠的功德力，
　　願我在一切未來世，永不與您分開。

　　哦，靈修的道友，你在無數次的人生中
　　一直依著靈修道路的規範而活，
　　並且教導人們通往靈修喜悅之道，
　　願我自己完全服膺您的開示，
　　並由此迅速得到佛道的三身。

瘋狂達賴

願內在和外在的障礙和阻撓

永不出現來妨礙我的修練；

並藉著把我自己的思想和行為

完全奉獻於神聖導師們的開示，

願我在一切處，達到與他們相同的境界。

「還不賴」之歌

作者序言：這是達賴喇嘛二世另一首即興之作。如同版權頁上寫道：「此偈歌為佛僧根敦嘉措帕桑波駐居於沃卡山的虎峰時所寫。」

如同本書在第二部份敘述達賴喇嘛二世的生平時所述，沃卡山區是大師最喜歡從事冥思的地點之一。幾世紀以來，此地一直受到山洞和廬屋冥思修行者的青睞，因此被認為是中亞最具禪修加持力的地點之一。喇嘛宗喀巴即是在此禪修五年而獲得證悟；達賴喇嘛二世的上師克珠洛桑嘉措也是在此地渡過十四年的閉關生活，追求證悟之道。

達賴喇嘛二世本身選擇沃卡為自己主要的退隱地點之一，同時1509至1510年間，他在本地區靠近達波的將森山上興建曲科傑寺，使未來幾世的達賴喇嘛都與該地結下不解之緣。從那時起，所有轉世投胎的達賴喇嘛都被認為應該造訪這個地區，並在那裡進行密續觀修。

從此以後，達賴喇嘛二世每年都有數個月的時間，在本地旅行、教學與冥思。其中他年度巡迴的地點之一便是虎峰，它的全名叫做沃卡達澤。（西藏有很多地方叫做「虎峰」；另一個著名的同名地叫瓊結的虎峰）做為沃卡達澤中心的虎峰堡，位於沃卡河兩條支流之間的山嘴。在達賴喇嘛二世一生之間，沃卡都由住在此地的國王所統治。

但所謂沃卡的虎峰，指的並不僅是這個城堡，還包括當地區的一些村莊和閉關用的廬屋，以及鄰近山脈裡的山洞。

在這首「還不賴之歌」中，達賴喇嘛二世戲謔地探究佛教整體的中心概念，及格魯派的學佛法門，特別是啟發他遵循為僧之道的部份。從作品中帶著些許諷刺的語調來看，推測可能是在1499至1523年間寫成，當時格魯派受到噶瑪噶舉喇嘛夏瑪巴背後好戰勢力的壓迫。

對於這些事件，達賴喇嘛二世似乎並不特別心存芥蒂。在他一生當中，對於這類的衝突，他大都採取一種「男孩總是好鬥」的態度。對這種糾葛，他也傾向幽默以對，而不是心懷敵意。這種心情在下面的偈歌表現得很明顯。

向神聖的上師們致敬。

在一名完成光明大道的上師門下修行；

深入佛經與密續的義理；

善用寶貴人生的精華；

為自己和他人帶來究竟利益：

這就是所謂奉持美妙的

喇嘛宗喀巴的法脈。

說真的，這是一條「還不賴」的路。

時刻記得死亡與無常；

要技巧地依業因法則而活；

永遠以三寶為冠，

由此關上投生三惡道的門。

把心念導向這種路徑，

說真的，這是一條「還不賴」的路。

把三界看成痛苦堆積之山；

辨認出輪迴的根源是我執；

要看到導向究竟解脫的門路；

並且，為了達到那至上的解脫境界，

要精進修行三種高深的訓練，即

持戒、禪定及空性的智慧。

走在這條導向解脫和知識的路上，

說真的，這是一條「還不賴」的路。

視一切眾生如慈愛的父母；

對一切，不斷心存愛與慈悲；

圓熟地修練兩種菩提心，

以達到方便與智慧兼具。

由此達到無上的證悟境界，

說真的，這是一條「還不賴」的路。

353

瘋狂達賴

要明白想擁有究竟一切是錯的；
要認知因果關係中的相對性本質；
要看到一切事物的空性層面；
並且體驗存在的最高展望：
也就是去遵循龍樹所闡明的
至上之道。
說真的，這是一條「還不賴」的路。

承受四項密續皈依的法水而成熟；
成就廣大而深奧的密續教法；
練就兩種密續次第的瑜伽法，
迅速而輕易地達到證悟：
像這樣把佛道握在手掌中。
說真的，這是一條「還不賴」的路。

在佛法的教義中，我從一批又一批
有待挖掘的珍寶裡，
搜集了幾顆罕有的珠玉，
在此串成一首偈歌。
我把這條偈歌之鍊送出去，
祈禱它能啟發那些心懷偉大目標
追求至上覺悟的修行人。

24 皈依三寶之歌

　　作者序言：這首偈歌是達賴喇嘛二世覺受詩選集的倒數後第二首，與其說它是全然的「體驗之歌」，不如說是一篇祈禱文。它的版權頁上簡單寫道：「這首簡短的偈詩是對皈依三寶所寫的一篇祈禱文，也有人傳說它是由『無所不知的導師』所寫的。」所謂「……也有人傳說……」暗示這首詩的作者是有爭議的。但是它仍出現在這本選集裡，顯示編輯小組仍認為它確實是由達賴喇嘛二世所寫。

　　這首祈禱文的焦點——皈依三寶佛、法、僧——是佛教教義裡的基本課目。在導言第二部份的最後一段，我曾簡短討論過。本詩集中，我們也看到達賴喇嘛二世在半數以上的偈詩裡提到這一點。

　　關於三寶，有許多教義闡釋的層面。以一個簡單的層次來說，這三者代表：一、歷史上的佛陀，即教導開悟之道的釋迦牟尼；二、佛法，即佛陀所揭露的證悟之道；三、僧，即是遵循開悟之道的僧眾。從另一種層次來說，佛（或諸佛）代表我們每一個人所擁有的開悟潛能；佛法代表一切現象究竟真實的本質，明瞭這點可以引導開悟；而僧代表可以指點我們了解那究竟真相的人。

　　還有一種說法叫「因皈依」和「果皈依」。「因皈依」是指三寶成為指引並驅策我們走向開悟之道的力量。果皈依是指

開悟的狀態，指修行者本身終於修得三身。在果皈依的時候，修行者的心意成為佛，他的言語成為佛法，他的身體成為僧。

另一種觀點是主皈依與次皈依。此處是佛法或靈修教導就是主皈依；因為我們是透過實踐佛法而達到開悟的智慧。而諸佛和僧則是次皈依的對象，道理在於對我們的佛法修行而言，他們只是協助性的條件。

關於最後一種說法，被做為例子的是醫師、藥物、和護士在醫療病人的過程中所扮演的角色。諸佛就像一名醫師，他開藥給我們吃；佛法好比被開出的藥方；而僧眾就是在治病過程中幫助我們的護士。雖然在這過程中，醫師和護士不可或缺，但他們並不是實際達成效果的人。必須是病人自己服藥，病才可能被治癒。同樣地，諸佛為人指出開悟之道；僧眾也提供啟發和鼓勵，但心須我們自己身體力行走上這條路，才能達到證悟的目的地，治癒我們無知的疾病。

另有一種說法是「皈依的象徵」和實際皈依。在這種脈絡下，佛畫或佛塑像象徵佛皈依；經書象徵法皈依；而寺院團體象徵僧皈依。而在所謂實際皈依裡，只有全然證悟者才是佛皈依；只有「超越不完美」這項真理才是法皈依；而只有達到直觀空性的人，才是僧皈依。佛教徒了解象徵和實際這兩種三寶面向之間的差異。但是，信眾若至誠尊敬皈依象徵，本身也會獲得實際皈依的目標，這是一種方式，用以強化對佛道的了解。因此，關於佛教皈依這項課目是頗為複雜的。闡釋這方面的哲學文章通常需要數本的長篇大論才能盡其要旨。

　　皈依使佛教徒與非佛教徒有了一種區分。佛教界有一種
「皈依儀式」，做為「授予皈依」的方法，很像基督教傳統裡的
「堅信禮」。然而，接受這種儀式並宣佈自己為佛教徒，並不能
使自己成為一名真正的佛教徒；即使是出家為僧尼也是一樣。

　　當阿底峽在1042年到達西藏時，他向阿里地區一名極受敬
重的僧侶學者提出好幾道問題。結果答案並不能令他滿意。他
斥責那個人披著僧侶的袈裟，假裝是一名佛教徒。後來他指
出，一名真正的佛教徒其內心深處必能全然理解皈依的意涵，
而且此人的心念必然對佛法有堅定的知識和實踐力。其它只是
在模仿佛教的樣子罷了。

　　這個故事使我想起1972年初次見到現任達賴喇嘛的情景。
當時我認為自己是一名佛教徒。達賴喇嘛對著我的問題發笑說
道：「有許多人很想看看證悟的山那頭，但卻很少人願意走上
山，望過山峰，親身去看看。」

◆ ◆ ◆ ◆ ◆ ◆ ◆ ◆ ◆

　　向莊嚴的佛、法、僧三寶致敬。
　　哦，啟發靈性全然無誤的源頭，
　　請永遠做為我的頂冠。
　　請接受我這平庸的、不知信仰的人，
　　使他的心念轉向靈修之路。

疯狂達賴

瘋狂達賴

珍貴的皈依三寶，慈悲的寶藏，
請驅動我克服內在的敵人，
克服業力和受苦的情緒，
克服這世間一切悲慘的創造者。

雖然有無數人為我們所珍愛，
但臨到死時，他們都將被遺留在身後。
珍貴的皈依三寶，請成為我內心最深處的伴侶，
永遠地陪伴我到天涯海角。

現今要尋得一位真朋友很罕見，
即使只依靠他一天也不可得。
哦，三寶，請做我至上的友人，
陪伴我，此刻和永遠都不辜負我。

世俗的財產、錢銀及擁有物
把我們更加死牢地綁在輪迴的輪子上。
來，請做我心深處的內在財富，
在一切情況中使我受益的財富。

人皆難免一死，殆無疑義
但不知何時死亡將到來。
此刻請啟發我的心念，使我全然厭棄

皈依三寶之歌

無知沈迷在瑣碎事物的追求上。

一旦我失足墮入那可怖的懸崖，
轉世到惡道中，
那痛苦將難以承受。
珍貴的三寶啊！請護衛我安全地
穿越生死之間的險峻通道。

我們不時無助地被
黑白業力的網牽拉而行，
那是我們無意識之下所編織的繭。
哦，珍貴的三寶，臨死亡時，
請接引我到喜悅的淨土去。

無盡的輪迴眾生海
有著無數迷妄和痛苦的怪物。
哦，珍貴的三寶，請當我的領航者，
帶領我穿越這些險峻的惡水，
到達彼岸的安全地。

今日多數的佛法修行者
言行如同被內心的惡魔所攝，
放棄了皈依的三寶

瘋狂達賴

瘋狂達賴

去崇拜那不可靠的鬼神。

若依靠著三寶

並仰賴它們的引領和啟發，

要明智多了。

那麼證悟的境界本身

最終將為修行者所掌握；

而修行者本身將具現為

佛、法、僧三寶。

願此永遠成為我們的熱望。

25 給弟子戒律智的偈歌

作者序言：這是達賴喇嘛二世本偈詩選集中最後這一首的作品，它的版權頁上寫道：「以上的偈歌是為弟子洛卓楚欽所寫，這位僧人對世俗生活的膚淺活動不再嚮往，而選擇追求孤獨冥思，一心一意在證悟道上精進修行。」

這首作品的出色之處不僅在於它的詩意質感，它也充份顯示達賴喇嘛二世是一名藝術家和畫家。在其中一段偈詩中，他寫道，連同這首詩，他還有一些禮物要送給弟子洛卓楚欽，包括他親手所畫的護法吉祥天母。我們在前文第二部份看過，吉祥天母是居住在拉姆納措湖的精神力量核心與達賴喇嘛二世主要的護法者。

在達賴喇嘛二世生平的介紹作品裡，我無法找到任何關於洛卓楚欽的參考資料。從版權頁上我們知道，他在進行隱居冥思。本詩最後一段提到大師在澤當譜寫這首作品，據此推測，洛卓楚欽應該是隱居在這間寺院附近。達賴喇嘛二世生前最後四十年，幾乎每年春天都會到澤當進行訪問和教學，因此無法得知這首詩寫於何時。

在結尾的段落特別有趣。做為一名旅行教學者，達賴喇嘛二世累積了相當可觀的財富。西藏世界有一個傳統，即在開示教學的尾聲時，主要功德主會獻上可觀的供奉，然後一般大眾在喇嘛前排成一長列，以便每個人都能獲得該喇嘛親自的握手

祝福,同時每個人也獻上一份小的供奉。到了生命的中期時,
達賴喇嘛二世開示的群眾動輒數千、甚至數萬。其結果就如
《傳記》中所說:「……禮物和供養如下雨般降臨。」在這首
他寫給隱居弟子的信中,這種西藏文化的特色顯然激起了他的
幽默感。

洛卓楚欽,這名字意指「戒律智」,
帶著智慧的雙眼,
如實見及靈修中所有要點,
並在戒律中依教奉行。
你確實是一名優異的瑜伽士,
全然將自己投注在開悟道上。

靈修的生活風格在世間很罕有,
所以請日夜珍惜它的可貴,
不斷地努力研習、反省及冥思,
堅固內在那祥和與喜悅的力量。

以一顆解脫世俗執著的心
轉而使自己以蒼生為念,
以昇華的願心,專注於達成證悟。

給弟子戒律智的偈歌

知曉事物的外貌和其空性的本質
乃不可分割的結合，
使自己致力於佛經和密續的法門，
它們是覺悟光明大道的雙翼。

為了完成這項傳承使命，修行者時常被建議
去培養對吉祥天母進行冥思。
此處隨同這首詩要贈送給你的
還有我親手所畫的
一幅那位密教密續女神的畫像。
願它有助於你的修行。

至於我，人們說我來澤當寺
是為了來教導神聖的佛法，但
事實上我只是另一個虛有其表的佛僧，
依戀這世間的快樂與安適，
追求填飽這個肚子罷了。
儘管如此，請為我祈禱，
使我的願望能實現。

瘋狂達賴

瘋狂達賴

就是要活下去

◎ 敘述了人道救援義工
令人感嘆的事蹟，他
們在援助過程中不只
拯救了生命，更解救
了人性。
卡蘿·柏格曼／編著
林裕豐／譯
平裝 定價／260元

觀生死即涅盤

◎ 本書是心道師父多
年來於各地弘法
時，針對人們所懼
怕的生死問題所作
的開示結集。
釋心道 總監修
平裝 定價／160元

生活之美

◎ 收錄心道法師的經
典法語
心道法師／著
平裝 定價：299元

宗教社會學

◎ 中國原本是多民族
多宗教的國家，其
宗教現象相當值得
關注和研究。
戴康生、彭耀／主編
平裝 定價／320元

走向神聖

◎ 本書是一種引論性
的學術讀物，試以
基本理論問題、尤
其是方法論觀念為
經緯，簡要評述當
代宗教學的研究狀
況。
張志剛／著
平裝 定價：299元

宗教文化學導論

◎ 本書透過當代西方
六位名著的理論，
加以介紹、研究、
分析萌生新的現代
宗教觀念。
張志剛／著
平裝 定價／280元

瘋狂達賴

你夠聰明嗎

◎ 以教育、認知科學
和心理測驗為三大
架構，提供您透視
自己的構思智力、
數學智力等多元智
能，並協助您增強
或補足這些潛能。
克萊爾・高登／著
鄭維鈞／譯
平裝 定價／280元

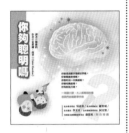

每個星期
從一個故事開始

◎ 以短篇的小故事敘
事，每個小故事都富
有極深的思考價值。
Alan Cohen／著
王育英／譯
平裝 定價／200元

佛陀在花園

◎ 繪本，關於佛教徒
四個覺悟的徵兆。
David Bouchard／著
黃建群／譯
黃中羊／插畫
精裝 定價／199元

拉腦筋

◎ 強調只要多用腦
筋，可形成許多腦
內新聯結，釋放腦
部潛力，增強智
能，超越遺傳的限
制。
艾恩・羅伯森／著
楊麗貞／譯
平裝 定價／270元

蒸發憂鬱

◎ 每個人都可以擁有
一個心靈醫藥箱，
協助透視自己的情
緒、學習如何自我
康復。
大衛・賽爾文 - 史克
伯／著
莊雅惠、鄧家均／
譯
平裝 定價／260元

法華經
永遠的菩薩道

◎ 致力於《法華經》
整體內容的解說。
菅野博史／著
釋孝順（池麗梅）
／譯
平裝 定價／300元

國家圖書館出版品預行編目資料

瘋狂達賴 / 葛連‧穆林（Glenn H. Mullin）；鄭維鈞、楊麗貞譯 -- 初版. --
台北縣永和市：靈鷲山般若出版，2006[民95] 面； 公分
ISBN 978-986-81730-4-3 (平裝)
1. 達賴喇嘛二世──傳記
226.969   95009169

作者／葛連‧穆林（Glenn H. Mullin）
譯者／楊麗貞‧鄭維鈞

發行人／歐陽慕親
編輯主任／郭玉文
責任編輯／陳俊宏
美術編輯／王鳳梅
封面設計／王鳳梅

法律顧問／永然聯合法律事務所
出版者／財團法人靈鷲山般若文教基金會附設出版社
地址／234台北縣永和市保生路2號17樓
電話／（02）2232-1008
傳真／（02）2232-1010
E-mail／books@ljm.org.tw

總經銷／農學股份有限公司
初版一刷／2006年9月
定價／290元
ISBN 978-986-81730-4-3

MYSTICAL VERSES OF A MAD DALAI LAMA by GLENN H. MULLIN
Copyright © 1994 by GLENN H. MULLIN
This edition arranged with QUEST BOOKS（THEOSOPHICAL PUBLISHING
HOUSE）
through Big Apple Tuttle-Mori Agency, Inc.
a division of Cathay Culture Technology Hyperlinks
Complex Chinese edition copyright:2006 LING-JIOU MOUNTAIN PRAJNA
CULTURAL AND EDUCATIONAL FOUNDATION
All rights reserved.

靈鷲山出版社　收

234 台北縣永和市保生路2號17樓　出版部
電話：（02）2232-1008
傳真：（02）2232-1010

請沿虛線折起

謝謝您購買這本書!

請您詳細填寫各欄,傳真或寄回本出版社,即可不定期收到最新出版資訊及優惠專案。

此次購買的書名是:

姓名:＿＿＿＿＿身分證字號:＿＿＿＿＿＿＿＿性別:□男 □女

生日:＿＿＿年＿＿月＿＿日 聯絡電話:＿＿＿＿＿＿

住址:＿＿＿＿＿＿＿＿＿＿＿＿＿＿＿＿＿

E-mail:＿＿＿＿＿＿＿＿＿＿＿＿＿＿＿＿＿

學歷:1.□高中及高中以下 2.□專科與大學 3.□研究所以上

職業:1.□學生 2.□資訊業 3.□工 4.□商 5.□服務業
　　　6.□軍警公教 7.□自由業及專業 8.□其他

您以何種方式購書:1.逛書店購書 □連鎖書店 □一般書店
　　　　　　　　　2.□網路購書 3.□郵局劃撥 4.□其他

您購買過我們哪些書:

1. □ 地球書房:＿＿＿＿＿＿＿＿＿＿＿＿＿

2. □ 靈鷲山般若文教基金會附設出版社:＿＿＿＿＿＿＿

3. □ 宗教博物館發展基金會附設出版社:＿＿＿＿＿＿＿

您對本書的評價:

(請填代號 A.非常滿意 B.滿意 C.普通 D.不滿意 E.非常不滿意)

書名＿＿＿　內容＿＿＿　封面設計＿＿＿

版面編排＿＿＿ 紙張質感＿＿＿ 整體＿＿＿

此書閱讀感想與建議:＿＿＿＿＿＿＿＿＿＿
＿＿＿＿＿＿＿＿＿＿＿＿＿＿＿＿＿＿＿
＿＿＿＿＿＿＿＿＿＿＿＿＿＿＿＿＿＿＿

讀者服務信箱:books@ljm.org.tw